孔子二千五百年記念

「儒教祭祀の歴史を考える」

二松学舎大学　日本漢学研究センター

長久出版社

目次

孔子没後二千五百年を迎えて

今井悠人

簡単に本会の趣旨をご説明申し上げます。本年令和四年は孔子没後二千五百年とされております。百年前の大正十一年には全国各地で孔子没後二千四百年を記念する釈奠や祭典、式典、講演会が催されました。雑誌『斯文』（第四編第六号）にその様子が紹介されているだけでも以下の十九件を数えます。（掲載順。催行日、主催、催行地および式典名称）

十月八日、二松學舍、二松學舍恩賜講堂にて孔子祭。

十月八日、大阪懐徳堂記念会、昌平坂聖堂寛政庚申仲秋釈奠儀注に拠り懐徳堂を大成殿に擬し孔子祭典。

十一月二十三日、足利学校にて釈奠。

十月十七日、米沢図書館、米沢図書館にて孔子祭。

四月十一日、肥前多久聖廟にて追遠孔子祭。

四月十九日、鳥取県教育会、尚徳館跡（鳥取県師範学校講堂）にて孔子追遠記念祭。

十一月十八日、小樽市および小樽市教育会、北海道庁立高等女学校講堂にて孔子記念講演会。

十一月十九日、札幌市教育会、札幌市時計台楼上にて孔子記念講演会。

十一月二十一日（か）、函館市および函館市教育会、（場所不詳）にて孔子記念講演会。

十一月十二日、金沢孔子祭典会、金沢市公会堂にて孔子祭。

十月十七日、香川県教育会、表誠館にて孔夫子二千四百年祭。

四月十七日、鹿児島孔子祭典会、七高講堂にて孔夫子二千四百年祭典。

五月三日、長岡孔子祭典会、大正記念長岡市立互尊文庫にて長岡市第四回孔子祭典。

五月二十一日、和歌山県立田辺中学校、田辺中学校にて孔夫子二千四百年追遠記念祭。

五月二十八日、仙台孔子会、旧藩校養賢堂にて二千四百年祭典。

六月四日、名古屋孔子会、名古屋武徳殿にて発会式並びに孔子二千四百年祭。

八月三日、鳥取県東伯郡教育会、倉吉町有親館にて大聖孔夫子二千四百年記念祭。

十一月二十六日、松山孔子祭典会、松山高等学校講堂にて孔子二千四百年祭および県下先哲
（中江藤樹以下二百四十四名）従祀。

十一月四日、新潟斯文会、白山神社社務所にて孔子二千四百年祭。

中でも湯島聖堂では十月二十九日に「孔子二千四百年追遠（ついえん）記念祭」が、閑院宮殿下、山階宮殿下、賀陽宮殿下御台臨、斯文会会長徳川家達公祭主の下、盛大に執り行われました。その会には当時の二松學舎舎長の渋沢栄一子爵が斯文会副会長として、また学長の三島復先生が常議員として、さらには本日ご講演の宇野茂彦先生の祖父君の宇野哲人先生も教化部長として参列しておられました。祭典の詳細は『斯文』（第四編第六号）の「本会祭典記事」に譲りますが、祭典終了後に帝国ホテルで開かれた饗宴において、渋沢翁は徳川家達会長、加藤友三郎首相、水野錬太郎内相についで演説し、その中で「経済上より見れば論語と算盤の説は故の三島中洲博士とゝもに之を論じたものでありますが、論語の雍也編と記憶して居りまするが、「子貢曰。如有博施於民而能濟衆。何如。可謂仁乎。」とある博く民に施し衆を済うことが「仁」か又「聖」である孔子様の教訓は国家経営の実務に当る方々も謹しみて之を聴くべきものと存じます」と述べ、三島中洲先生を追慕するとともに首相はじめ列席各位に儒学と斯文会と発展のための援助を求めました。

本学においても十月八日に「孔子二千四百年祭」が今は無き恩賜講堂において開催されました。その記録に依りますと、「祭壇に孔子画像を掲げ、紅白餅及清酒を奠す。来賓は渋沢子爵、阪谷男爵以下凡そ五十人」が参列しました。なおこの孔子画像とあるのは、中洲先生画讃の軸ですが、現存しておりません。祭典は尾立維孝（おだてこれたか）理事開会に始まり、三島復学長の祭文奉読、渋沢栄一舎長の「孔子の道徳は人世の経済に一致す」、阪谷朗廬先生の四男である阪谷芳郎（さかたによしろう）顧問の「孔子二千四百年祭に就いての所感」、児島献吉郎教授の「孔子の文学」という講演がなされました。

以上のような背景から、本年がちょうどその百年後という記念すべき年にあたりますので、本学においても孔夫子を追慕するとともに、その盛徳を記念し斯文の益々の隆盛を願い、二松學舍大学日本漢学研究センター主催にて、孔子二千五百年記念シンポジウム「儒教祭祀の歴史を考える」を、併せて漢学者記念館会議を開催することといたしました。先例に倣いまして、本学所蔵の資料を記念展示しております（写真）。前列中央の厨子と銅像は、昭和十年湯島聖堂復興記念にて作成され（笹野甫三作）関係者に配布されたもので、福島甲子三氏により本学に寄贈されたものです。後列左は鈴木栄暁画の孔子画像。中央は孔夫子獲麟図、安永六年、六如賛「聖人制作感麟而起　絶筆一句於心見旨車士傷足瑞獣遂死　三家鑿竅春秋散矣」。右は山田準先生の七絶「孔子生誕二千五百年式典賦献」、これは昭和二十四年に本学で実施された孔子生誕二千五百年式典の所縁の品であり、日本漢学研究センター長の町泉寿郎教授所蔵です。「巍々是道與天尊　生誕二千五百辰　去食去兵信難去　大哉孔子大哉言」。なお二千四百年の例に倣い、紅白餅と白酒もお供えしております。

渋沢翁の演説中に「支那にても舜の世や湯武の時代には道徳と經濟とは全然一致し決して別物にあらざりしが周の末春秋の世に至て道徳と經濟とが漸く分離したるが故に孔子孟子は之を憂ひ常に道徳を論じて經濟の道を之に合致せしめられたるが後世宋學に至ては程子朱子の如き大家と雖も二者を引き分つ傾あり我日本に於ても藤原惺窩林羅山の如き道學者は皆道徳と經濟とを區別して取扱ふた様である然るに中洲先生は流石に卓識を備へ道徳經濟合一論を道破せらる老生の尤も感服する所は此處に

存す願くは後々までも二松學舍に於ては此教旨を失はぬやうに生徒を教授せられたきもの也斯くてこそ孔子在天の靈も嘉納あらせられ二千四百年祭を行ふ所詮にも叶ふべけれ」とあります。本学においてもこの指摘を忘れず、孔子の徳を讃仰し、その道を宣揚して参りたいと存じます。

＜付録一［一］＞

孔子二千四百年祭

本年は孔子卒後二千四百年に相當するを以て十月八日本舍恩賜講堂に其祭典を擧行す當日祭壇に孔子畫像を掲げ紅白餅及清酒を奠す來賓は澁澤子爵阪谷男爵以下凡そ五十人來賓の席定まるや尾立（註：維孝）理事會會の辭を述ぶ三島學長起て祭文を奉讀す來賓一同起立して尊像を禮拜す澁澤子爵「孔子の道德は人世の經濟に一致す」との趣意を演說せられ阪谷男爵「孔子二千四百年祭に就ての所感」と云ふ題にて兒島（註：獻吉郎）教授は「孔子の文學」と云ふ題にて縷々講演せらる終て池田（註：四郎次郎）理事閉會を宣し兼て次の表彰會（註：久保輗次郎教授勤續三十年表彰會）開會を告ぐ因に中洲先生の孔夫子像の贊を左に錄す

仁義爲經。忠孝爲緯。言而正大。行而簡易。古今東西。誰敢異議。生民以來。有一無二。

八十八齡後學　三島毅拜題

＜付録二［一］＞

孔子二千四百年祭に就て

子爵　澁澤榮一演說

尾立維孝筆錄

今日は先聖孔子二千四百年の祭典を當學舍に於て執行せらる誠に結構の事なり先生は常に孔子の道を載せたる論語を眷々服膺八十三歳の今日まで處世の師と仰げり孔子の高德のきこと（ママ 德の高きことか）は今更老生の贊揚を待たず支那、朝鮮、及び我國到る處に二千四百年祭の行はるゝを見ても如何に孔子を景仰する人の衆きかを知るべき也老生は常に孔子の道を體して世に處するも學問に至ては幼年の頃四書五經を素讀したるに止る唯論語に就ては多少獲る所ありと自信するも專門の儒者にあらず二十五歳の時より世事に奔走し或は官吏となり明治六年の夏三十五歳にしては仕官を罷め經濟界の事業に從ふ第一銀行の頭取を勤むること四十三年に及べり孔子の時は勿論銀行の名なかりしも貨賄運用の經濟事實は存在せに相違なし經濟と道德とは一致結合すべきものにして道德を離れたる經濟なきと同時に經濟を離れたる道德も亦存せざるべし是を以て老生は平生經濟を持て道德に合せしめんと欲して論語と算盤を唱道し來れり故中洲先生は道德を將て經濟に適せしめんとする說を立てらゝ（ママ られ）則ち先生と老生の所見一致する點より深く御交際致すことゝなり先生薨去の後は圖らず老生が理事諸君の懇望に依り先生の後を承けて二松學舍長となりし次第なりさて銀行の事業の如きも決して孔子の道に悖らざるのみならず利用厚生の聖道に合致す而かも四十三年の久しき斯業に從事し多少の功をも奏したれば此點に於ては孔子樣

よりも怠惰者との御叱りは蒙らざるべしと信ず

支那にても舜の世や湯武の時代には道徳と經濟とは全然一致し決して別物にあらざりしが周の末春秋の世に至て道徳と經濟とが漸く分離したるが故に孔子孟子は之を憂ひ常に道徳を論じて經濟の道を之に合致せしめられたるが後世宋學に至ては程子朱子の如き大家と雖も二者を引き分つ傾あり我日本に於ても藤原惺窩林羅山の如き道學者は皆道徳と經濟とを區別して取扱ふた様である然るに中洲先生は流石に卓識を備へ道徳經濟合一論を道破せらる老生の尤も感服する所は此處に存す願くは後々までも二松學舍に於ては此敎旨を失はぬやうに生徒を敎授せられたきもの也斯くてこそ孔子在天の靈も嘉納あらせられ二千四百年祭を行ふ所詮にも叶ふべけれ

孔子の沒後悠々二千四百年を經と雖も其道は益々世界各國に尊崇せらる近頃米國の有名なる「カーネギー」氏の自敍傳を見るに處々論語を引けり例へば氏の一知人がある善事業を起したるに是れ徳不孤必有鄰といふべしと評し又氏の母は心掛け正しき信仰家なりしが或人の改宗を勸めたるを斷りし事ありき氏は論語に敬鬼神遠之とあるは是なりと記述せらる此の如く氏の論語家たることを早く知りせば渡米して話を交ふべかりしに今は既に故人となれるこそ殘念なれ老生の親戚穗積博士は自ら好める道とて論語の異本を蒐集し居るが既に百餘種に達す亦以て世の學者が如何に之を重寶視するかを知るに足らん而して論語の注釋解說如何程多數に上るも其要は道徳が政治經濟日用常行の間に實踐躬行せらるゝ事が孔夫子の御精神ならん先刻三島學長の讀れたる祭文の中にも天未喪斯文匡人其如豫何とありたるが孔子夫（ママ）（孔夫子）の自ら信ずる厚きこと其の如し知行合一道徳經濟二致なき孔夫子の大敎旨を體得して世

に處し社會に活動せんことを願ふの餘り聊か愚見を述べ以て孔子二千四百年祭の辭となす

<付録三［一］>

孔子二千四百年祭の所感

男爵　阪谷芳郎　講述

尾立維孝　筆錄

孔子の偉大なる人格は今更喋々することを待たず。其逝て既に二千四百年の歳月を經たる今日當二松學舍に於ても祭典を行はるゝが是は此二松學舍に限らず各地に於て均しく同一の催しあるに徴して以て其德化の如何に崇高なりしかを知るに足るべきなり

尋常偉人なることを彰明するが爲めに或は其生誕を異樣にし或は其死去を昇天の樣にする抔の例少なからず例へば釋迦の誕生に天華亂墜し生れて七歩すと傳へ豐臣秀吉の母は日輪懷に入ると夢みて妊娠すと傳ふるが如き是也しかるに孔子は其生や尋常にして其死も亦決して常人に異ならず只其言ふ所は其行ふ所に一致し至誠の德備れるのみ故に孔子の行爲は我々も亦之を行爲することを得卽ち我々も勤めて息まざれば孔子たることを得るなり其行ふ所卑近にして人情に遠からず至誠を以て敢行すれば卽ち孔子の道を體得したる人と謂ふべし孔子の主張は禮樂を以て天下を治めんと云ふに在り周末戰國の世專ら武斷を以て民を制するに對抗してかく主張せし也孟子は仁義說を主張せり是れ孔子の禮樂說と

其意義は相同じ恰も今世獨逸國が武力を以て國際に處せんとする主義に對して歐洲各國之に反對し遂に大戰となり其戰後各國とも文化政治を行はんとすると其致相同しき也卽ち孔子の時代に存せし文武對向の問題は今日仍ほ存す而して文化を以て世を治むるには國民の道德を大に進步せしめざるべからす國民の道德低卑にしては禮樂を施すに由なからん

堯舜三代の治世は其領域楊子江と黃河の間の土地に限れり楊子江及び黃河の流域は孰れも土壤肥沃麻穀能く生し人民の生活に餘裕ありて文を學び禮を修むるに足り而かも此時代の四夷は其開明の程度遠く中國に及ばず中國は自身の力を以て四夷防遏し得て文化を進め禮樂の民たるに適せしめし也然らば一旦開明に赴きたる國は其開明の狀態を持續して益々進步するかと云ふにそうは行かぬ事があり周園の事情に制せられて文化の停頓することあり希臘羅馬の如き是也歷史ありて以來三千年に過ぎず其以前の開明程度は之を徵すべき文獻備はらず「エジプト」數千年前の遺蹟及び「メキシコ」の海中に埋沒せる太古の都市の如き如何なる文明を爲せしや今日未だ之を知るべからず世界の歷史中支那の古き歷史は一番好く傳り比較的完備し三代の文化制度を知るに足る而るにに周末の亂世となり文化退步して道德卑下し禮樂廢りて諸侯攻伐を事とす孔子之を憂いて三代隆治の世に引戻さんと苦心せらる其後四夷の狂暴益々加はり秦の始皇帝は萬里の長城を築きて北狄を禦がんさしたれども遂に防ぎ切れず支那全土屢々夷狄の蹂躙する所となり人種の混交を來して道德は荒廢し今日にては支那民族の道德の觀念頗る低下したりと云ふも誣言にあらざるべし

或は孔子の禮樂說は孔子の理想にして實行的の物にあらずと云ふ人あれども餘は決して其理想說に

あらず三代に實行せられたる實例を引用したるものと信ず或は孔子は徒らに古を尙び其弊や古に拘泥して物の進步に害ありと云ふ說あれども是は未まだ當時の事情を究めざる說なりと云はざるべからず三代隆治の歷史昭々として目前に備るを見るに迨んで其時代を崇尙して之を今代に引當て立說し自分も行ひ人にも敎へんとするは必至の事情たらざるべからず徒らに古を尙ぶにあらざる也

抑々力を以て世を治めんとするより裁判官も必要となり檢事も必要となり辯護士も必要となるなり若し道德禮樂を以て世を治むる域に達せば畔を讓り道を讓り遺てたるを拾はず人と人との爭起らず則ち裁判官もいらず檢事もいらず又辯護士も不用となるべし之を要するに力を以て人を制し國を治むると德を以て民を敎へ世を治むるとの二道古來存在して今日に及べり孔子は德を以て治國の大本とす此說流行すれば之に反對する異說の生ずるも已を獲ざる所也老子の虛無說莊子の聖人不死大盜不止權衡を折らざれば詐僞不止等の說是なり先刻澁澤子爵の御話中に子爵は先頃より穗積男爵及故林博士に話して孔子の論語の古來印本又は寫本となりたるものを集め居らるゝが其種類に數百に及び其中には英語佛語其他の外國語のものあり殊に近代日本にて刊行のものは其種類頗る多きに驚かれたりと亦以て孔子未だ死せず二千四百年後の今日如何に其說が世界中に尊崇せらるゝかを見ても孔子の道大にして其德の高き事を證して餘りあり其二千四百年祭の如きは諸方に行はれ居るが後來も斯樣の機會を捕へて人の記臆を新にせられんことを望む

<付録四［五］>

孔子と文學

文學博士　兒嶋（ママ）獻吉郎

孔門に徳行言語政事文學の四科あり徳行に顔淵閔子騫冉伯仲弓を、言語に宰我子貢を、政事に冉有季路を文學に子游子夏を選定して之を十哲と稱しぬ。十哲已に專門的に長所ありて四科を分擔せり、孔子に至りては集めて大成せるものにして善く説辭を爲すの宰我子貢を善く徳行を言ふ冉伯牛閔子騫顔淵との特長を兼備せるのみならずまた政事文學を兼ね善くせざるはなし。

孔子と文學との關係に就きては孔子嘗て自ら道ひし如く學びて厭はず教へて倦まざるの一事は文學者としての孔子の資格を認むべきなり。故に門人を教ゆるに文行忠信を以てすまた行有餘力則以學文と曰へり文は即ち文學にして行は即ち徳行なり。

而して古の所謂文學は決して今の所謂文學に非ず古の所謂文學は廣義の文學にして今の所謂學は狹義の文學なり廣義の文學とは讀書學問の總稱にして狹義の文學とは詩歌小説戲曲の作を專稱するものなり。

試に春秋以後漢魏六朝に至る文學の意義を察するに荀子の大略王制韓非子の難言五蠹史記の灌夫及び儒林傳に見ゆる文學の二字は廣義の文學にして讀書學問の總稱ならざるはなしたゞ三國志王餐傳に文帝爲五官將及平原侯植皆好文學と曰へるは必ずしも經學研究の意義に非ずして詩賦を好むことを言ひしものに似たり。故に南齊書に始めて文學傳を立てより梁書陳書は儒林傳以外に文學傳を立てぬこれ經學者以外に詩人文章家を文學者と認めしものなり然れども孔子時代に於ては文學の意義は決して詩歌文章の製作を包含せざるなり然かも當時讀書の範圍は必ずしも今日の如くに廣博ならず馬融は學而篇（行有餘力則以學）に註して文者古之遺文也と白ひ朱熹は文謂詩書六藝之文と日ひ皇侃は雍也篇（博學於文約之以禮）に註して六籍の文と日ひ太宰春臺も文論に於て夫子所謂文者何也日先王之道之謂文、文也者非他也六藝之謂也と日ひぬ。蓋し馬融の如くに之を解して古の遺文と日ふも亦五經以外に遺文なきなり。六經中に於て春秋は孔子晩年の作なり易の研究も亦孔子晩年の事なれば孔門の四科に春秋なきのみならずまた易なきなり則ち孔子が年十五にして始めて學に志せし以来學問教育に一生の歳月を委ね滿腔の熱誠を注ぎしは事實なりしも孔門の教育法は決して統一なく秩序なく徒に博覧多識を目的と爲せるものに非ずして詩書禮樂を標榜して實踐躬行を目的とせるものなり詩書は即ち文學にして四教中の文なり禮樂は徳行にして四教中の行なり孔子嘗て獨り立ちし時其子鯉趨りて庭を過ぐ孔子日く詩を學びしか鯉對へて未だしと日ひしかば詩を學ばざれば言ふことなかれと孔子言ひ鯉退きて詩を學びぬ他日又獨立せしに鯉趨りて庭を過ぐ孔子日く禮を學びたるか鯉對へて未だしと日ひぬ孔子は禮を學ばざれば立つ事なかれと日ひ鯉退きて禮を學びぬこれ文學よりして詩を擧げ徳行より禮を擧げしものにして一を擧げて二を略するものなり故に論語に日子所雅言詩書執禮と日ひ又泰伯篇に興於詩立於禮成於樂と日ひぬ。

十哲中子游子夏が特に文學を以て許されし詩書禮樂の造詣も深かりし爲めに非ずや。

子游が武城の宰たりし時弦歌を以て激化の具となせしは彼の趣味が詩と樂とに在りしを知るべし。

況んや子夏に於ては孔子が嘗て稱して起予者商也始可與言詩巳矣と許せしものなり子游子夏は己に文學を以て推さる然かも彼等は孔子に比すれば所謂有聖人之一體ものに過ぎざれば孔子は固より子游子夏の長所をも兼ね善くする事明なり。

顧るに孔子の詩書禮楽に於けるや固より少年時代より己にこれに従事せしものならむ然かし聖人に常師なかりき。禮を老子に問ひ學を萇弘に問ひしは孔子の年三十前後なりき。後ち定公の時陪臣國命を執るに及び孔子仕へず退ひて詩書禮楽を修め弟子彌衆く遠方より至りしは孔子の年四十三の時なり想ふに孔子が詩を删り書を序し禮を述べ樂を正せしは蓋しこの際にありしならん其後易を喜みて韋編三絶の研究を遂げ遂に彖象繫解説卦文言を傳術せしは彼の哲學的事業の完成なり晩年更に春秋を作りしは先王絶世の志を述べて大義名分を明にし萬丈の氣焔能く亂臣賊子を懼れしむるものと謂ふべし。

春秋の謹厳にして一字一句の間に褒貶を寓したる技術は唯に文學上の價値の大なるのみならず彜倫綱常の上より觀て最大の價値を有するものなり故に子游子夏の徒は一辭を賛する能はず而して孔子は嘗て自から我志は春秋に在りと日ひまた嘗て知我者春秋罪我者春秋と日ひぬ然るに王安石が春秋を詆りて斷爛朝報と日ひしは方さに天日に向つて唾するが如きのみ。

詩書に對する孔子の文學的事業に至っては其價値更に偉大なるものあり試に詩經に就きて言はゞ周の盛時に於て采詩の官に採集せられ太師の手に管理せらるゝ詩は凡て三千餘篇ありし事疑を容れず何となれば空間的關係即ち領域より言はゞ大小七十一の國あり時間的關係即ち年代より言はゞ上は文王武王より下は襄王定王に至る四百餘年に亘れり故に五年ごとに巡狩し一國より一時づつを採らしむる

も四百年間には七十國より五千六百篇を得べし豈に唯三十餘篇より禮を失はず邪に流れず淫を導かず温柔敦厚眞に能く教育に資すべきものを選びて三百五篇を爲せしものとすれば吾人は教育上に於ける孔子の偉績を承認せざるを得ず且つ詩は孔子の刪定に遭ひて大にその目的性質及び資格を一變するに至れり何となれば釆詩の官が始めて詩を収集せし目的は王者をして民風を觀人情を察せしめんとするに在りきこれ作者本來の目的を變じて政治化するものなり而して太師これを樂歌として大學に教ふるのみならずまたこれを燕饗に用ひ享祀に用ひ會朝に用ふるに及びて本と志を言ひし詩は化して音樂となれるものなり然るに孔子刪定して三百篇と爲してより昨日の樂歌は化して典となり昨日の美的本位は化して善的本位となれり昨日まで樂官の手に盡せしもの化して學者の手に歸せりこれ資格上の一變なり故に詩の功用に就いて孔子甞て不學詩無以言と曰ふのみならずまた誦詩三百授之以政不達使於四方不能專對雖多亦奚以爲と曰ひまた詩可以興可以觀、可以群、可以怨、邇之事父、遠之事君、多識於鳥獸草木之名と曰ひしは三百篇に政事的外交的の効果あるを言ひしものなりこれより孔子以後の學者は自己の主義本領を説明するに方りて詩を引きて立證と成すもの多し曾子は孔子の意を述べて大學を作り十たび詩を引き子思は曾子の教へを受けて中庸を作り十二たび詩を引き孟子は子思の門人に教を受けて七篇を作り二十三たび詩を引けり。後漢に至りて儒者の文に詩を引くもの多きは皆孔門文學の風化なり。

次に書経に就きて言べは何書は本と左史右史が天子の言動を日記體に筆記せし稿本にして虞夏以後數千年間内府に收藏せしものなり故に尚書には虞書夏書商書周書の別ありししも本と史官の手に作り

し編年史にして聖經賢傳と比すべきに非ず。尚書は史としても斷片的なる故政治史の史料に過ぎず決して天王學として上は堯舜の徳を見下は三王の義を見るべきものに非ざるなり。その巻は浩瀚なり厖大なり隨つて日に錯亂し月に散佚せんとせしを孔子これを整理し序次し日記體の記録を改めて事理を明にするの經典となしこれに政事的道徳的教育的價値を包含せしむ猶ほ詩が孔子の刪定に由りて一種の異彩を百世に發するが如きなり因てこれを古典的唯一の教科書となして門下に教授するのみならず永く後世の學者が千古の經典として尊重する所以なりこれ皆孔子の文學上の集大成的事業なり。易の如きも亦然り蓋し卜筮の書が一變して哲學的義理の書となりぬ。

尚ほ孔子の詩文に於ける製作の技倆即ち狭義の文學に就いて言はゞ春秋は孔子の眞筆なりしも簡而有法以外に特色を認むる能はず易に於て孔子の文體を窺ふべきなり特に韻文に至りては史記に一首水經注に一首孔叢子に三首檀弓に一首あり檀弓史記は稍信ずべきなり。

参考文献

［一］二松学報、第六号、二松學舍、大正十二年
［二］三島中洲と近代其七　渋沢栄一と近代漢学、大学資料展示室運営委員会編、二松学舎大学附属図書館、令和三年、https://www.nishogakusha-u.ac.jp/library/pdf/kankobutu_08.pdf
［三］斯文、第四編第五号　孔夫子追遠記念号、斯文会、大正十一年
［四］斯文、第四編第六号　孔夫子祭典号、斯文会、大正十一年
［五］二松學報　第七号、二松學舍、大正十三年

基調講演

釈奠と湯島聖堂

宇野茂彦

釈奠

釈奠という儀式はずいぶん古いときからあり、礼物を供えるだけの儀式の名前であったようです。孔子の祭の名称ではなかった。孔子をお祀りしたのは、孔子の死後、魯が孔子の旧宅に廟を建て、そして弟子や孫弟子たちによってお祭が行われていったようです。それが二千五百年ほど前のことでした。

その後、漢の高祖が魯に過ぎったとき、この孔子の祭を見て感心し、太牢を以て祀った。以降、漢は孔子の祭に祭祀料を支出して、国家の祭祀として孔子を祀ります。これが今から二千二百年ほど前のこと。その後、歴代王朝は、おおむね漢の孔子の祭を踏襲しますが、魏の正始二年、辟雍での釈奠が始まると史書にあります。辟雍は学校です。これまでは孔子の旧宅でしたが、初めて学校に於て釈奠という孔子の祭を行った。このとき顔回を従祀する。顔回は孔子の一の弟子ですから、孔子とともにお祀りするのも分かりますが、当時は老荘の学、玄学が流行した時代ですから、そのような隠逸を貴ぶような気風では顔回の生き方に共鳴する知識人が多かったと思います。それもあって、顔回の従祀が行われたかと思います。

唐の太宗の貞観二年には、先聖を孔子、先師を顔回と定めてお祀りすることを太学（中央の大学）だけでなく、地方の州縣学でもお祀りするように命じます。そして、五経正義を定めて、この五経すなわち易、書、詩、礼、春秋の注釈をした歴代学者のうち、五経正義の注に採用された学者などを従祀することになりました。こうなると、孔子を祀るだけでなく、歴代学者の正統を定め、表彰するというのがこの祀りの意味になっています。

宋代になると朱子学が盛んになり世の中に受け容れられるようになります。朱子が注を施した四書、すなわち大学、論語、孟子、中庸が官僚たちの必読書になります。これまで祀られてきた孔子と顔回のほかに大学の作者とされた曾子と中庸の作者とされた子思、そして孟子が新たに従祀されて、これ（顔曾思孟）を四配と言います。そしてさらに当代人の従祀も行われ、朱子なども歿後まもなく従祀されるようになりました。

湯島聖堂

わが国では王朝時代の学校では孔子を祀ることが行われていたようです。文武天皇の時代にはじめての釈奠がおこなわれたとされています。当時は唐の制度、律令などを輸入した時代でしたから、唐の釈奠をそのまま取り入れたものでしょう。鎌倉室町時代から戦国にかけて、武士の政治が　行われ、学校制度はすっかり衰えました。わずかに関東に足利学校があったのみです。この足利学校では、王朝時代とおなじく釈奠が行われました。

江戸時代になって、徳川家康の侍講となった林羅山は漢籍を読む力が日本人から失われたことを思い、家康に学校の創建を願い出ます。

このころ家康がお暇のおり、羅山にいろいろ質問をすることがありました。その一つに、家康が「明国に道はあるか」と問うと、羅山が、「閭巷、州府に至るまで、みな学校が有り、人倫を教えているのですから道が有ります」と答えた。その答えを聞くと、家康は顔色を変えた、不機嫌になった、という話がある。当時、明は衰亡して、とても大国とはいえぬ情況、家康は日本のほうが平和で秩序ある社会だと考えていたので、自分の統治が明以下といわれることは我慢ならんことでした。

ともあれ、家康は羅山の希望を聴き入れて京都に学校を造ることがほぼ決まったのですが、大坂の陣が起り、また、その後の繁忙、家康の薨去によって立ち消えになりました。

羅山は秀忠の時代は無役でなにも出来なかったのですが、家光の時代にまた幕閣に連なることになる。家光治世の終りのころになって上野の忍岡に土地と御用金を賜ります。そこに私塾を建てました。尾張の徳川義直は非常に儒学を尊重した人でしたが、彼の援助がありました。義直自筆の「先聖殿」の扁額、孔子像と四配像、祭器や建設費用、さらには平内大隅という大工の世話までしてくれます。出来上がってさっそく釈奠を行う、そのとき家光が寛永寺参詣のついでという形でお越しになる。そこで羅山は講経（経書の講義）を行う。これが羅山の行いたかったことでした。最高権力者の前で講経を行うことは、天下に文教の尊重を宣言することでした。

家光はたった一回、聖堂に立ち寄っただけでしたが、五代将軍の綱吉は漢学好みの将軍で、上野忍岡の聖堂にしばしばお越しになった。将軍がお出でになるには手狭であるということでしょうか、湯島に大きな聖堂を造り移転することになった。元禄三年（１６９０年）の落成です。これが今日の聖堂の始まりであります。この湯島聖堂では綱吉自身も講義を行います。また、城内や他所でも講義を行いました。それもしばしば行ったのです。

江戸の町は始終火事が起ります。それで聖像除けという、火事のときには孔子や四配の像を持って逃げる役職を置きました。そのおかげで、上野忍岡以来の聖像はずっと維持されてきたのですが、関東大震災の時に焼けてしまったのです。

元禄十一年火事のときには、雑司ヶ谷薬園にあった神農像を湯島聖堂に移転します。この神農像はその後、医学館など別の場所に移転しますが、結局また戻って、現在は湯島聖堂境内に安置されています。この像を安置した屋舎の修繕のときの調査で、この像は一千年以上も古いものと伝えられていたのですが、実は家光の時代に作られたものだということが判明しました。

綱吉は生類憐れみの令を発布したことで有名ですが、勿論これは佛教の殺生戒によるものでしょうが、林羅山も儒家の仁について、仁の全体は人と物、双方に愛あること、仁は本心の徳、物を愛するの理であると云っています。この物というのは動物のことで、要するに生き物をいつくしむのも仁のうちだと云っているわけです。当時、羅山の漢籍解釈は権威あるものでしたから、この仁の解釈は綱吉に伝えられていたと思われます。

八代将軍吉宗のときには、塾（門脇の部屋）にて一般人の受講が可能になり、林家以外の学者の登用も行われました、家治時代の明和九年には、例によって大火事が起こり、入徳門以外の建物はすべて焼失、綱吉時代以来の祭器なども焼失してしまいます。これらの祭器はそれぞれかつて諸大名に命じて作ったものですので、同じ大名に命じて作り直しました。これらの祭器は今では上野の国立博物館に収められています。

家斉の時代、寛政の三博士と言われる、柴野栗山、岡田寒泉、尾藤二州、のちに古賀精里といった林家以外の学者が教鞭を執ることになりました。尾藤二州や古賀精里は聖堂の境内の役宅に住みました。これらの四先生方のお墓は大塚先儒墓地にあり、斯文会では年一回この墓地でお祀りを執り行っています。先儒墓地は豊島岡御陵の脇に密着してあります。

家斉の寛政年間のこと、林家の後嗣が絶えたため、岩村藩から林述斎が養子にはいりました。この人はなかなかの才覚のある人だったようで、火事で焼けたわけでもないのに、寛政九年（一七九七）聖堂の結構を大幅に拡大し、一万一千坪の敷地とし、幕府直轄の学校とします。これを昌平坂学問所と称します。大成殿（聖堂）の屋根上に鬼龍子と鬼犾頭という火伏せの怪獣を乗せた建物にしますが、これが現在の元になるものです。境域については、現在の構内は半分以下になって仕舞いました。いま医科歯科大学のある所も聖堂の敷地だったのです。当時はそこに全国諸藩から派遣された学生たちが集う寄宿生寮がありました。

一般の人も志のある人は聴講でき、先生も当時の名望ある学者を教授として迎え、幕府の公式の学校となったわけで、これこそ林羅山が願ったことの実現だったのです。

明治の初年には幕府の昌平坂学問所は廃止になり、そこに大学という組織や、文部省が置かれましたが、手狭だからでしょう、直ぐに移転します。大学というのは帝国大学の元になった組織、今の東京大学です。図書室もあったのですが、ここの図書をもとに国会図書館になります。明治五年には大成殿で博覧会が開かれますが、そのとき集められた展示物をもとに上野の国立博物館が出来ます。また、寄宿舎だったところに高等師範学校（今の筑波大学）や女子高等師範学校（今のお茶の水大学）が設置されました。つまり、聖堂は明治初年にはじまる文教関係の諸施設の初めが置かれたところなのです。

いまでも神田川対岸の駿河台には諸大学や各種学校が多く、また、文京区という名が示すように聖堂のある文京区西側も同様ですが、これは聖堂があったからこのように発展したものと思います。

さて、明治の初め頃はこのように利用はされましたが、孔子の祀りや、漢学の振興は顧みられない状態でした。しかし、民間にはそれを心配する声もあり、思斉会という会が漢学の講義をおこない、有力者では岩倉具視も当時の道義の衰退を憂い、漢学の振興を真剣に考えたのです。そこで、この二つの勢力が集まり斯文学会という会を作ります。この会には三島中洲、谷干城、中村正直、根本通明といった錚々たる先生方が集いました。講義を毎日行いました。場所は聖堂ではなく、麹町にある、宮中から貸与された場所で行ったのです。

一方、聖堂の祀りはまったく無視されていました。明治の後年に至って、高等師範の先生方が孔子祭を放置してはいけないと声を上げ、多くの有力者の賛同を得て孔子祭典会が出来ます。嘉納治五郎や渋澤栄一、他にも多数の有力者方が役員になり、三島中洲、谷干城も発起人として名を連ねています。

この祭典会と斯文学会が合併して大正七年、財団法人斯文会が出来ます。この会が聖堂の維持管理、孔子祭の挙行、学術雑誌「斯文」を毎月刊行するなどの活動を行います。

その後、関東大震災のとき大成殿や上野忍岡以来の孔子像や四配像などみな焼失し、水屋と入徳門のみ残るという災難にあいました。斯文会は各界からの寄附を集め、伊東忠太の設計によって現在につたわる鉄筋の聖堂を再建します。木造は火事に弱いということで、鉄筋にしましたが、様式は寛政時代の形を踏襲しています。孔子像は焼けたあと、とりあえず、宮中の思し召しにより下賜された像を安置しました。この像は江戸時代の初め朱舜水が安東省庵に世話になったときに省庵に贈った孔子像三体の内の一つで、宮中に献上されていたものでした。四配像については木主を以てお祀りしました。

戦争では聖堂は水屋を焼いただけで、さしたる避害を受けませんでした。しかし、資産を失い運営に支障をきたしました。書籍文物流通会という書店や中華料理の草分けの飯店に講堂の建物を貸与するなどして、しのぎました。その後、一般の人に会員になっていただき、また、東洋の学問、芸術、あるいは東洋医学などの講座を開き、また、一般からの寄附を仰いで運営しています。

仮に祀っていた孔子像と四配の木主については、いまは青銅の像に置き換えられています。それは、先年、筑波大学芸術系の先生方により、震災で焼けてしまったかつての孔子と四配の像について、乏しい資料をもとに研究されて、青銅製の像として復元されたもので、ありがたいことに、それを寄附していただき、いま大成殿のなかに安置しているわけです。

孔子の祭、釈奠はわが国では学問の正統を定めるというような意味ではなく、学問の開祖ともいうべき孔子とその後輩たちを祀ることによって、学問の尊さを認識することにあったと思われます。また、湯島聖堂の歴史を簡単にお話しいたしましたが、人々が如何に聖堂を尊崇してきたかを感得して頂ければ幸いです。現代はたいぶ忘れられているのではないかと危惧されますが、聖堂はわが国、文教の聖地であるということです。

近代日本における孔子祭祀
――渋沢栄一と斯文会

町 泉寿郎

一、緒言

二〇二二年は孔子歿後二千五百年、日中国交正常化五十年の記念すべき年であったが、まだ癒えぬCovid-19パンデミックやロシア・ウクライナ戦争に伴う国際関係の緊張のなかで、共に大きな話題にはならずに暮れようとしている。

百年前の一九二二年（大正十一）には、孔子二千四百年記念式典が日本全国で盛大に挙行され、湯島聖堂や二松学舎における式典では渋沢栄一が演説した。ここで百年前のことを回顧するのは、漢学がまだ余力を保っていた時代を懐古したいからではなく、明治維新以来五十年あまりの近代化過程において漢学・儒教をとりまく状況がどのように変容したかを確認していきたいと考えるからである。

また、孔子二千四百年記念の一九二二年は第一次世界大戦、スペイン風邪が終息した時期に当たっているが、一九四九年に孔子生誕二千五百年を迎えるまでの二十七年間に日中戦争、第二次世界大戦が起こった。この過去に鑑みて、二〇四九年の孔子生誕二千六百年までの二十七年間に我々は少しでも未来の状況を希望あるものとするために、何がなしうるかを考える機会となればと思う。

二、儒教祭祀の回顧――中国から日本へ

中国において先聖・先師を祭る釈奠は長い歴史を有する。『礼記』の文王世子第八に、「凡そ学、春は官、其の先師に釈奠し、秋冬も亦たかくの如くす。凡そ始めて学を立つる者は、必ず先聖・先師に釈奠す（原漢文）」という規定がある。釈奠とは、祭祀の際に供物を置くことに由来する名称で、釈も奠も供物を「置く」ことを意味する。「先聖」とは周公旦、もしくは孔子のことを指すとその注に見えている。

漢代の儒教国教化にともない孔子に対する敬重の度が加わり、孔子の子孫にも爵禄を賜ったが、孔子祭祀はその故郷である魯の曲阜で執り行われており、国家の中央教育機関において孔子が釈奠の祭祀対象となることは漢代にはなかった。

ついで魏・斉王の正始二年（二四一）二月に『論語』を通読し、太常の役人を派遣して都洛陽の太学内の辟雍において太牢の礼（牛・羊・豕を供える祭祀）を以て孔子を祀り、併せて高弟顔回を孔子

に配享した（『三国志』魏書四）。

釈奠が執行される日取りは、『礼記』月令の規定によれば、仲春の上丁の日とあるが、隋・煬帝の時のように四季の仲月の上丁の日に行った時期もあった。その後、唐代に規定が整備され、春秋二仲、旧暦の二月と八月の上丁の日に行われてきた。

唐代には孔子への追贈が続き、孔子が聖人として祀られるようになっていった。太宗の貞観二年（六二八）に房玄齢らの議によって先聖として周公旦を祀ることを止め、孔子を先聖として祀り顔回を配享することに改めた。同十四年（六四〇）には国子学に太宗が行幸して釈奠に臨んだ。同二十一年（六四七）には孔子廟に先師として歴代の経学者二十二人（左丘明、卜子夏、公羊高、穀梁赤、伏勝、高堂生、戴聖、毛萇、孔安国、劉向、鄭衆、杜子春、馬融、盧植、鄭玄、服虔、何休、王粛、王弼、杜元凱、范甯、賈逵）を配享した。これが孔子廟に諸儒を従祀する始まりである。

更に玄宗の開元二十七年（七三九）にはそれまで尼父や宣父と呼ばれていた孔子に文宣王が追諡される。開元年間（七一三〜七四一）に孔門の高弟七十人（七十弟子）の画像を描いてこれを前述の二十二賢の上位に据えて従祀した。また孔子の子孫が嗣文宣王に封じられ、主要な高弟（十哲）にも公侯伯の爵位が追贈された。[1]

宋代以降は孔子の尊重が更に進んで至聖文宣王となり（一〇〇二年）、元代には大成至聖文宣王となった（一三〇七年）。また孟子が合祀されるようになった（一〇八四年）。明代には従祀される範囲が更に広がり、漢唐の儒家のみならず、宋学諸儒から明代の薛敬軒・陳白沙・王陽明らまでが従祀されるようになる。

＊　＊　＊　＊

日本で釈奠が行われた記録が残るのは、文武天皇の大宝元年（七〇一）二月丁巳の日に行われたのが最初で、『続日本紀』にその記録が見られる。

その後、二度にわたって入唐した吉備真備（六九五？〜七七五）が釈奠の整備に功績があったとされる。[2]唐・玄宗の七三二年に「開元礼」が制定されており、その中に釈奠の規定（巻五十四、国子釈奠於孔宣父）があることから、これを持ち帰った吉備真備がこの規程を参照して釈奠の儀式を整備したと考えられている。[3]八世紀半ば吉備真備の関与によって同時代中国の釈奠がかなり正確に日本に伝えられることになった。

八世紀半ばに整備された釈奠には、称徳天皇が神護景雲元年（七六七）二月に大学に行幸して釈奠を行わせている（『続日本紀』巻二十八）。更に吉備真備が副使を務めた天平勝宝中の遣唐使に加わった経験を持つ大学助教膳大丘が、神護景雲二年（七六八）七月に唐で孔子が文宣王と称されているのに倣って日本でも孔子の呼称を改めるべきであると奏上し、これが容れられて日本でも文宣王と称されるようになる（『続日本紀』巻二十九）。しかしながら、この時期を例外として、文宣王となり「南面」する地位に昇った孔子廟に天皇が行幸してこれを拝することはその後なかったようである。ここに、中国と日本における王権と儒教の関係の相違を見出すことができる。

その後、十世紀初頭の『延喜式』巻二十「大学寮」にも日本に定着した形の釈奠の様子が見ることができる。祭祀対象は、先聖文宣王と先師顔回に、九哲を配享（要するに孔子と十哲）。先聖・先師に奏上する祝文は漢音で音読された。釈奠の儀式は、「陳設」といって廟堂に孔子像を祀って祭器に供物を盛って献饌すること、「饋享」といって幣帛を捧げたり、祝詞を奏上したり、神酒を飲んだり、供物を捧げて、それを一緒にいただくといった一連の祭祀が儀式の中心になる。その後に、「講論」といって儒教経典の講義や論議が行われ、更に酒食を伴う「百度座」「宴座」からなる。時代が進んで平安朝になると、「陳設」「饋享」といった供物を盛るとかそれを分配するといった祭祀部分が簡略化されていき、本来は付属的なものであった宴の部分が肥大化して宴の場で作る詩文などに重点が移っていった[4]。その他、「晴儀」と「雨儀」といって、当日の天候によって本式・略式に行わる規定もあった。

三、江戸時代の釈奠——湯島聖堂そのほか

儒教の浸透した江戸時代には、釈奠が広く行われていた。林羅山（一五八三〜一六五七）が不忍池畔の忍岡に幕府から下賜された別邸に、尾張藩の初代徳川義直が孔子像を寄進して、寛永九年（一六三二）にここに孔子廟が創設された。これが後の湯島聖堂の起源であり、翌年（一六三三）に三代将軍家光がこれに礼拝したことが聖堂官立化の淵源となる。天皇の場合には容易ではない孔子廟参拝が、将軍の場合は容易に実現する。林家家塾の員長を務めた犬塚印南の『昌平志』（『日本教育文

庫』に活字所収）はよく知られた資料であるが、国会図書館所蔵写本は挿図が豊富で、寛永年間の忍岡の林家別邸の様子を描きその中には孔子廟もある。この絵のように、当時はまだ小さな施設に過ぎなかったと思われる。[5] 但し林鵞峰（一六一八～一六八〇）によれば、徳川義直は『三才図会』宮室に所収の黄帝合宮図に倣って建設したと言うが、[6]『昌平志』の挿図はこれを反映しているようには見えない。

この時期に、林羅山が狩野山雪に描かせた二十一幅からなる聖賢画像は、その原画が筑波大学に残っている。二十一人の聖賢大儒とは、次の通りである。

（三皇）伏羲、神農、黄帝
（聖帝）堯、舜、禹、湯王、文王、武王、周公、孔子
（四配）顔回、曽参、子思、孟子
（六大儒）邵康節、程伊川、周敦頤、程明道、張載、朱熹

孔子の周囲に従祀される四配は、それぞれ従祀され始める時期がまちまちで、顔回が上述のように魏・正始二年（二四一）、曽参が唐・太極元年（七一二）、孟子が上述のように北宋・元豊七年（一〇八四）、子思が南宋・咸淳三年（一二六七）のことである。四配がセットで従祀されるようになったのは、明・嘉靖九年（一五三〇）にこの四者の封号を改めて復聖顔回・宗聖曽参・述聖子思・亜聖孟子という同格の「聖」に列せられた時に始まるようである。羅山はこの時に描かせた二十一幅の中から、四配に加えて宋代の大儒たち六人を聖堂（先聖殿）の中に従祀した。このことは羅山が朱子学に結実する宋

代の学問を重んじていたことをよく示すものと言える。

二代林鵞峰は徳川幕府の立場から見た通史『本朝通鑑』を完成させ、寛文十年（一六七〇）にこれが完成した奉告祭として釈奠を挙行した際、『庚戌釈菜記』をまとめている。この歴史書の完成は林家の幕府儒官中における地位確立の契機となったが、釈奠においても同書の編纂事業が画期になったことがわかる。『庚戌釈菜記』は国立公文書館に残っており、祭祀対象としては中央の聖像とあるところが孔子の座で、左右に四配、それから右に紹介した宋代の六大儒を祀る形であったことが確認できる。孔子と四配と六大儒が殿内に従祀されるという形が、湯島聖堂ではその後長く引き継がれていく。

その後、元禄三年（一六九〇）に五代将軍綱吉は忍岡の孔子廟を改めて、新たに湯島に孔子廟を建設する。忍岡の林家別荘は、江戸鎮護のために創建された東叡山寛永寺の何十万坪もの広い境内の南端に位置する五千坪余りの土地であったことから、そのような寺域の隅で孔子を祀る形では幕府の儒教尊崇の意図を広く一般に示すに十分でないと判断され、新たな場所に聖堂を建設し幕府直轄とすることとなった。これが現在まで残る湯島聖堂である。

それから約百年後の寛政十一年（一七九九）に、聖堂の傍らにあった林家家塾を拡張して、昌平坂学問所という幕府直轄の漢学教育機関が開設される。元禄中には幕府直轄の聖堂（孔子廟）であったものが、その百年後に直轄の学問所となって更に規模が拡大する。寛政の改革の一環として昌平坂学問所が開設されると、新たに岩村藩大給家から出て林家を継いだ林述斎（一七六八〜一八四一）のもとで、釈奠もさらに整備が進められた。寛政十二年中秋の「釈奠記」にはかなり詳細な式次第が記録されている。[7]また林述斎のもとで作られた昌平坂学問所に関する記録である『昌平学分類雑載』(尊経閣文庫所蔵)には、釈奠の執行に関する極めて詳細な規定が残されている。儀式を継続的に実施していく場合に、様々なイレギュラーなケースが発生することが想定される。例えば天皇が崩御した年は延期するのか、水戸徳川公が亡くなった場合にはどうするか、近くで火事があった場合にはどうするか等々、さまざまなケースに応じて、前例が参照されて細かな規定が定められている。

『昌平学分類雑載』[8]の内容上の特徴としては、幕府直轄学校の権威化という問題と密接に関係して、孔子祭祀儀礼「釈菜」執行に関する記録が巻頭に置かれ、かつ分量的にも多く、重視されていることが分かる。幕府に提出する釈菜の執行伺には、決まって「上ヲ奉祝」の語が使用され、林大学頭にとって湯島聖堂の釈菜が将軍の善政を称賛する意味合いを持つものであったことがわかる。

述斎が寛政五年に林家養子となり大学頭を継承して以降の釈菜記録は精彩があり、述斎の並々ならぬ熱意を伝えている。このころ聖堂は天明の大火によって焼失しており、その再建は寛政十一年のことであり、聖像は災害時に当番大名が厨子ごと搬出する慣例であったから問題ないものの、祭器類も焼失して俄か拵えの「仮仕切」の場所で「略式釈菜」を執行するのが精一杯であった。不十分な施設であっても寛政八年秋の「略式釈菜」は、学問所学における学問奨励策が浸透しつつあり、晴天にも恵まれて、出席者からの寄附が大幅に増えた。同年春の釈菜に銀二両(百二十匁)寄附した者が、秋の釈菜の寄付金は金百匹(一分)に増額したなどと記しているのが、時勢の変化を感じさせる。

ところで、祭祀対象の様式には、中国と日本で微妙な違いがあった。中国においては明・嘉靖九年（一五三〇）に従来の塑像から木主と呼ばれる木製の位牌のような形式に変えられていく。また孔子像を祀る場合でも、中国では概ね立像が多いが、日本では仏像を作る仏師たちが作ることもあって座像が多い。(9)古い歴史を持つ足利学校や、湯島聖堂、閑谷学校、佐賀県の多久聖廟などはのちのちまで座像を採用して行われた。しかし後に諸藩に開設された藩校などでは木主を用いる施設も少なくなかった。

四、明治以降の湯島聖堂と渋沢栄一

明治新政府に接収された湯島聖堂と昌平坂学問所は文部省の管轄下に入り、学問所を改めてここに大学が置かれる。しかしながら、新たに加入した国学者と従来の漢学者との間に、祭祀対象をめぐるいわゆる「学神祭論争」を惹起する。国学者たちは天皇親政の世となり神道の権威が高まり、神道の神（八意思兼命）を新しく祀ると言い、それと従来の孔子の祭りを支持する漢学者の対立が深刻化し、これが原因となって大学自体が休校（さらに廃止）になってしまう。(10)

休校になる直前、明治三年（一八七〇）五月に、大学に明治天皇が行幸する計画が持ち上がったことがあり、諸大臣たちも参列する計画が立てられた。その行幸が計画された時、昌平坂学問所教授の生き残りで大学の中博士を務めていた芳野金陵（一八〇三〜一八七八）らが「大学御臨幸御次第取調」

を命じられて式次第を立案している。その時に作成された文書によれば[11]、天皇行幸の際に釈奠を行い、和漢学者がそれぞれ和漢書を講義し、詩会を開く計画が立てられていた。天皇親政の時代を迎えて、一千百年ぶりに再び天皇が釈奠に臨むかと思われたが、行幸自体が中止され釈奠も実施されずに終わった。かくて、その後約四十年に亙って湯島聖堂の釈奠は途絶することとなった。

湯島聖堂以外にも、各藩校など幕藩権力による官立学校の中には孔子祭祀を行っていた施設は少なくなかったが、明治以降は公教育機関における宗教行事が基本的に禁止されることとなり、孔子祭祀は日本中から急速に姿を消していったと考えられる。その一方で、天皇と国民の君臣関係を紐帯とする国家形成が進められ、御真影への崇拝が義務付けられてもいったのである。明治新体制のもとで、江戸時代を通じて浸透した儒教は打倒され断絶したというよりは、新しく組み替えられていく部分があり、儒教倫理は形を変えつつ存続していくのに比べて、孔子祭祀という儒教が古くから持つ宗教性の部分は急速に廃れていった。湯島聖堂は図書館や博物館のような陳列・収蔵施設として利用され、孔子祭祀は一度も行われなかった。約四十年後の孔子祭復活までの間、基本的に権力者が主催し参加するような公的な孔子祭は行われなかったと考えられる。

ところが、日露戦争後の明治三十九年（一九〇六）に東京高等師範学校の教職員の中から湯島聖堂における孔子祭（釈奠）復活を求める声が上がり、同年末から翌年（一九〇七）初めに東京高等師範学校の嘉納治五郎校長の主導によって孔子祭典会が結成され、湯島聖堂における孔子祭祀が復活する。その第一回は明治四十年四月二十八日に開催された。ただしそれは儒教の宗教行事としての釈奠ではなく、「日本における儒教の普及を孔子に感謝する祭り」という意義付けの孔子祭典として復活するのである。従来から釈奠の儀式として行われてきた供物を捧げるなどの形式が全く廃止されたわけではないが、祭祀の意味付けが大きく変わったと言える。

次いで、大正中期、第一次世界大戦中の大正七年（一九一八）に、孔子祭典会は、明治十年代に発足した財団法人斯文学会や、研経会、東亜学術研究会、漢文学会といった中国古典研究・漢文教育に関する諸団体とともに統合されて財団法人斯文会が新たに開設され、湯島聖堂における孔子祭祀も斯文会によって継承されて今日に至る。

渋沢栄一は近代における儒教擁護者として知られる。渋沢自身の言葉によれば、明治六年（一八七三）に大蔵省を去るに当たり、これを遺留する友人玉乃世履に対して、日本の経済発展のためには官尊民卑の風潮を打破する必要があり、宋・趙普に倣い自分は実業界に転じても『論語』を行動規範として、半分は自身を修め半分は実業界の弊害を救済したいと答えたと回想している（『龍門雑誌』二四七、一九〇八年）。この回想は渋沢が儒教道徳を彼自身と実業界の啓発のために用いると語っていることと、明治四十一年（一九〇八）十二月という回想時期の二つの点で注目される。回想に偽りはあるまいが、渋沢の漢学・儒教の普及啓蒙への関与がほぼこの時期以降に集中していることもまた事実である。

これ以前に遡る渋沢の漢学への関与としては、旧幕府教学の象徴たる湯島聖堂の利用法に関して明治二十年代に文部省に改善要求したことがあり、明治三十六年（一九〇三）の斯文学会の財団法人化にも関わった。明治四十年（一九〇七）に嘉納治五郎の主導によって始まる孔子祭典会（湯島聖堂における孔子祭祀の復興、但し宗教行事としての釈奠ではなく日本における儒教教化を孔子に感謝する祭典）にも積極的に関与し、一方で服部宇之吉らが斯文学会の資産を基に東京帝大に儒学科を増設しようとしたことには反対し、大正七年（一九一八）に斯文学会・孔子祭典会等が統合されて斯文会が設立されるとその副会長を務めた。

湯島聖堂に対する一連の渋沢の動きからは、幕府遺構の維持存続による社会の継続性安定性への志向や、湯島聖堂における孔子祭祀に象徴される漢学による社会啓蒙への関心が読み取れる。大正十二年（一九二三）に関東大震災によって湯島聖堂が焼失すると、聖堂復興事業を国民教化の原動力とするために、渋沢は自ら寄附するだけでなく国民に広く寄附を呼びかけた。一連の流れを見ると、渋沢の湯島聖堂・斯文会への関与には、地方改良・民力涵養等の内務省主導で進められた政策との関わりが認められる。

渋沢の親しい漢学者に三島中洲がいる。両者の関係は明治十年代に遡り、妻千代の墓碑文の撰文によって三島の漢作文能力を信頼したが、その関係は漢詩文の添削や代作に限られていた。明治四十一（一九〇八）年四月二十六日に湯島聖堂で開かれた第二回孔子祭典会の後、渋沢が「実業家ヨリ観タル孔夫子」を講演し、かねて「義利合一論」を持論としていた三島はこれに賛意を表した。その後渋沢が古稀記念に贈られた「論語算盤図」を目にした三島は、同年十二月から翌年一月にかけて「題論語算盤図賀渋沢男古稀」を撰文し、更に「道徳経済合一説」（一九〇八年十一月二十八日哲学会講演）

と併せて渋沢に贈った。

渋沢が三島との私的な関係を越えて、三島の創設にかかる漢学塾二松学舎の経営に関与（財団法人二松義会顧問）するのは明治四十三年（一九一〇）以降のことである。第三代舎長に就任した渋沢の指導のもと、二松学舎は昭和三年（一九二八）に全国の中学校の教育現場で教育に従事する国語・漢文科の中等教員養成のための旧制専門学校に改組された。二松学舎は商工業者など中間層の育成に漢学が有用と考える渋沢の理念に適った教育機関であった。

ところで、明治四十年代から大正期（一九一〇年代前後）の渋沢は、在米日系移民排斥問題の改善に関与し、在米日本人会長の牛島謹爾に期待していた。牛島が二松学舎出身者であったことから、牛島の存在も三島と渋沢の親交に一役買っていた。渋沢と三島の意気投合の背景には、明治四十一年（一九〇八）十月十四日に公布された戊申詔書に説かれている国民道徳と経済復興と国際協調があると見ることができる。

大正十四年（一九二五）に渋沢の『論語』として最も完備した内容を持つ『論語講義』が二松学舎出版部から渋沢口話・尾立維孝筆述により刊行された。渋沢の『論語講義』の古典解釈は三島中洲『論語講義』（一九一七年刊）に依拠することが多いが、実業家安川敬一郎との交流を通じて知った亀井南冥『論語語由』など独自の素材も加えられている。安川の「論語漫筆」と渋沢の『論語講義』は各々歴史や政治に関する私見を語る点で共通しつつ、儒教観では異なる面もある。亀井南冥・昭陽の注釈、すなわち荻生徂徠の古学系の解釈に依拠した安川が孔子を為政者の立場から捉えるのに比べて、渋沢は孔子の政治的理想を民衆救済にあると見ており、政治における民衆への視線がより強く感じられるように思われる。

また渋沢の米寿記念事業として斯文会で編纂された『国訳論語』（一九二八年刊）は、漢字ひらがな交じり訓読本文に総ルビが施され、全国の財界人と全国の小学校に一部ずつ寄贈された。渋沢は漢学を必ずしも学校教育に限定せず、より多くの国民のための社会に開かれた場で行われるものであることを望み、社会教育としての漢学を志向した。

封建的身分制度を擁護するものとして機能した朱子学に対してはやや批判的であり、より実践的な性格をもつ陽明学に関心を示した。東敬治の陽明学会を支援したが、東を講師にとした『陽明全書』の講読会を開催するなど、その活動は節度あるものであった。

一九一〇年前後からの渋沢が、孔子祭典会・三島中洲・陽明学会・斯文会等との関係を深め、漢学の普及啓蒙に傾斜することは、戊申詔書以降の内務省主導による国民教化運動と関わりがある。渋沢は一貫して初等中等教育や社会教育における漢学の役割を重視しており、実業界の地位向上のために漢学による社会教育を有効と見た。これを中間層の維持拡大の問題と見るならば、社会の不安定化要因を回避し持続的発展を志向する今日的な課題とも密接に関わるものであり、昨今の渋沢に対する関心の高まりもこの辺りに起因すると見てよいだろう。

五、孔子歿後二千四百年記念式典

（1）日本各地の孔子二千四百年記念式典

斯文会が創設されて四年後の一九二二年、今からちょうど百年前、孔子歿後二千四百年を記念した大きな式典が湯島聖堂で挙行された。湯島聖堂だけでなく全国各地の団体で行われているので、これらを開催順に拾ってみよう。(12)

佐賀県の多久聖廟では、四月十一日に開かれ、その頃に新設された旧制佐賀高等学校の生駒萬治校長が講話を行っている。

鹿児島では、元旦に渡部董之介七高校長が新聞に孔子祭典会発足の希望を述べ、三月に第七高等学校造士館内に孔子祭典会が設けられ、漢文科の教授を長年務めた山田準（山田方谷養孫、三島中洲門）が幹事を務め、四月十七日に七高講堂を会場として開催された。御真影を奉安している場所に高台を据えて「至聖先師孔夫子神位」と記した木主を置き、渡部董之介校長が祭文を読み上げ、多くの詩歌が献詠された。その後の記念講演会では、渡部校長の講演に続いて、服部宇之吉が招かれて「孔夫子と儒教」を講演している。併せて聖像や先哲遺墨など二五〇点余りを集めた展覧会も開催されている。服部は翌十八日にも東本願寺別院で「現代思潮に就て」を講演している。

新潟県長岡市では五月三日に大正記念長岡市立互尊文庫を会場として、第四回孔子祭典が開かれた。

記念講演会では服部宇之吉門下で、このころ朝鮮総督府で仕事をしていた高橋亨が「西洋思想と儒教」を講演している。

和歌山県の県立田辺中学校では、五月二十一日に平松得一教諭が祭文を読み上げて追遠記念祭を行っている。

仙台でも孔子会が結成され、五月二十八日に旧藩校養賢堂に聖像を安置して第二高等学校教授で漢学者の滝川亀太郎が祭酒となって祭文を読んでいる。講演会では、東京高等師範の中山久四郎教授が「孔子の大なる所以」、東京帝大の服部宇之吉教授が講演に赴いている。

名古屋では、従来、佐藤牧山の門人が孔子祭典会を挙行してきたが、大正四年以来途絶していたため、名古屋孔子会を発足して、六月四日に名古屋武徳殿において開催されたし、講演会では服部宇之吉が「孔子の人格と学説」を講演している。

鳥取県では東伯郡教育会による孔子祭が八月三日に倉吉町の有親館で開かれ、東伯郡教育会長が祭文を読み、鳥取出身で東京高等師範教授の細田謙蔵（三島中洲門）が「孔子者果何人乎」と題した講演を行った。

二松学舎では十月八日に開かれたが、懐徳堂でも同じく十月八日に孔子二千四百年の祭祀が行われている。その祭祀の方法については、懐徳堂の重建に尽くした西村天囚によって懐徳堂の先哲に対する祭祀が明治四十四年以来行われていたから、それに準じた儀礼が執り行われたと考えられる。(13)

次に香川県では香川県教育会の主催による孔夫子二千四百年祭が、十月十七日に香川県表誠館で開催され、松平頼寿教育会長が祭文を読み、東京帝大教授で東洋史学の市村瓚次郎が「環境より観たる儒教の変遷」を講演している。

同日、宮城県の米沢図書館では館長伊佐早謙が祭文を読み上げた。湯島聖堂では十月二十九日の祭典・講演会・饗宴に加えて、二十八・二十九日に上野の日本美術協会列品館における先哲遺墨展覧会、三十日に南葵文庫を会場とした展示会と宮内省楽部による西洋管弦楽演奏会も開催され、大々的な催しが行われた。

新潟では、新潟斯文会が形成されて―斯文会は地方組織もいくつか作られている―、同会主催により十一月四日に白山神社社務所において行われて、また新潟師範学校講堂において地元出身の漢学者小柳司気太が「孔教と国民性」を、建部遯吾（東京帝大教授、社会学者）が「孔子対儒者」を講演している。

石川県では、十一月十二日には新たに組織された金沢孔子祭典会の主催により金沢市公会堂において藩政時代に前田綱紀が木下順庵に作らせた木主を祀って、第四高等学校の武藤虎太校長が祭文を読み上げ、また服部宇之吉が「孔夫子の人格」を講演している。

鳥取市では国語漢文教師および有志による鳥取国語会が八月の東伯郡教育会の祭典に刺激を受けて孔子追遠記念祭を計画し、鳥取県教育会の主催により十一月十八日に鳥取師範学校講堂（旧藩校尚徳館跡地）に開催された。斯文会総務の服部宇之吉に講師派遣を依頼した結果、東京高等学校教授の児島献吉郎が「孔子の集大成」を講演し、併せて旧藩士による懐旧談「旧藩尚徳館について」や当地先哲碩学の遺書遺品の陳列も行われた。

北海道では小樽と札幌と函館で各市および各市教育会の主催によって記念講演会が開催され、東京高師出身で東京商科大学予科教授の峯間信吉や東京帝大の宇野哲人教授が講演に赴いている。十一月十八日に小樽の庁立高等女学校講堂で卜部小樽高等商業教授と峯間・宇野が講演し、十九日には札幌に移動して札幌時計台を会場として峯間が「女子と小人の為に弁ず」を、宇野が「先秦の思想界に就いて」を講演し、宇野は翌二十日にも北海道帝国大学中央講堂でも「我国の将来に関する一考察」を講演した。更に二十日に峯間と宇野は小樽に戻って小樽高等商業でも講演を行っている。二十一日には函館で講演会が開かれたようである。

栃木県の足利学校では、例年通り十一月二十三日に釈奠が挙行され、講演会では中村（中山）久四郎教授が「精神上の長生不老、孔夫子の偉大なる所以」を、吉田静致博士が「現代社会と人格生活」を講演している。

それから最後に、愛媛県では十一月二十六日に松山高等学校において孔子祭典会が挙行された。同会では祭典、講演会、展覧会、記念出版の事業を計画した。祭典では油比質松山高等学校長が祭文を読み、また伊予史談会が調査して県下における儒道功労者二四四人を選出しこれを従祀した。講演会では地元出身の加藤恒忠（拓川、大原観山三男）が「政治家としての孔子」を、服部宇之吉が「孔子の人格と学説」を講演している。[14]

以上のように十以上の道府県で各地の教育会などが主催して様々な施設で開催されており、講演会の講師に関しては斯文会が牽引的な役割を果たしていることが分かる。

（2）二松学舎における孔子二千四百年記念式典

二松学舎での孔子二千四百年式典について更に詳しく紹介しよう。この頃の二松学舎には、大正天皇から二松学舎に賜ったご下賜金によって建てられた恩賜講堂という木造の講堂があり、ここを会場として開催された。学祖三島中洲は三年前の大正八年に数え年九十歳で亡くなっており、この時には中洲の三男で二松学舎の学長を継承した三島復（一八七八～一九二四、東京帝大漢学科卒）が祭文を奉読し、渋沢栄一が訓諭をし、阪谷芳郎が「孔子二千四百年所感」を講演し、それから二松学舎出身で岡山出身でもあり東京高等師範学校教授であった児島献吉郎が「孔子の文学」を講演している。

渋沢の訓諭[15]の趣旨を紹介すれば、「経済と道徳とは一致結合すべきものにして、道徳を離れたる経済なきと同時に、経済を離れたる道徳もまた存在せざるべし。ここをもって老生は平生経済をもって道徳に合せしめんと欲して論語と算盤を唱道し来たれり」と言っている。よく知られた「論語と算盤」説である。渋沢は『論語』を自ら処世の信条にした経済人であったが、広く一般社会に向かってこれを唱道するようになったのは渋沢が七十歳を過ぎた一九一〇年頃からのことであること前述の通りである。

更に次のように言う。「道学者は皆、道徳と経済とを区別して取り扱うたようである。しかるに、三島中洲先生はさすがに卓識を備え、道徳経済合一論を道破せらる。老生の最も感服するところはここに存す」と。渋沢と三島は明治十年前後からの交流が知られているが、初めから道徳と経済の合一について語り合ってきたわけではない。渋沢が七十歳を期に実業界の一線を退いた後、渋沢邸で「論語と算盤図」を目にした三島がこれに触発されて、持論の「義利合一論」を敷衍した一文「題論語算盤図賀渋沢男古稀」を起草し、それ以来意気投合したのであった。

渋沢も「道学者は道徳と経済を区別して取り扱う」と言っているように、三島の「義利合一論」は当時の道学者の間では評判が良くなかったが[16]、三島と渋沢の間では意見の一致を見た。渋沢から見て、「論語の注釈や解説はいかほど多数にのぼるも、その要は道徳が政治経済、日用常行の間に実践躬行せらるることが孔夫子の御精神」であると言っている。古今人々に愛読されてきた『論語』には膨大な文献が残されており、渋沢は当時、女婿穂積陳重らの助力を得て論語諸本を集めた論語文庫を作ることに取り組んでいた。今日でも都立中央図書館に残されている青淵論語文庫[17]は、論語文献の最大のコレクションとして知られている。しかしその一方で、いくら多くの解説があっても、要するに孔子が言っていることは、道徳が人の生活に役に立つものとして実用できているかどうか、政治経済、日用常行の間に実践躬行できているかどうかが重要である、それこそが孔子の精神である、と渋沢は言うのである。「知行合一道徳経済二致なき孔夫子の大教旨を体得して世に処し社会に活動せんことを願ふのあまり、いささか愚見を述べ、孔子二千四百年祭の辞となす」と言って、渋沢はこの訓諭を締めくくっている。

(3) 湯島聖堂における孔子二千四百年記念式典

次に湯島聖堂における孔子二千四百年祭について更に紹介しよう。二千四百年祭の時の湯島聖堂における孔子祭は大規模な催事で、三人の皇族、閣僚が何人、それから台湾・朝鮮の両総督府から派遣されて台湾、朝鮮の儒者たちが儒式の服装をして列席した。かくて日本帝国主義の陣容をよく表現した式典となった言える。

四年前に創設された財団法人斯文会にとって、孔子二千四百年祭は最初の大きな記念事業であったと言ってよい。文献的価値の高い『正平版論語』の複製や『日本儒学年表』の刊行、また大規模な記念展示を行うなどの関連行事もこのときに行われた。このことは日本漢学史上においても注目すべき出来事である。

祝辞では、例えば加藤友三郎首相は、代読ではあるが、第一次大戦後の国民思想への影響について述べている。第一次大戦中にロシア革命、ドイツ革命など共産革命が世界中で起こる中で、これを防ぐための方策がこの頃大きな課題となり、儒教の価値をもう一度見直そうという動きが出てきたことが伺える。

水野錬太郎内相は、斯文会に期待することとして、次の二点を挙げている。まず国内に向けては、東洋道徳と西洋文明を合わせた考え方がこれからは必要である。西洋文明を明治維新以来の日本は旺盛に摂取してきたが、これを東洋的な道徳をどのように擦り合わせてやっていくかがこれからの重要課題であり、その点で斯文会が果たすべき役割がある。もう一つには、朝鮮の風教にも裨益することが大きいこと。朝鮮では成均館のあとに経学院が作られて、湯島聖堂がこれと関係を持って、朝鮮の統治に役割を果たしたことが知られているが、水野内相の演説の中でも朝鮮における人々の教化に湯島聖堂や斯文会が役立ってもらいたいと述べている。

渋沢栄一は孔子二千四百年祭の時には斯文会の副会長という立場であったが、この時もやはり故三島中洲と意気投合した「論語と算盤」説について述べている。それから、『論語』の教えの真髄は「博く民に施して能く衆を救ふ」[18]という民衆救済にあると強調している。渋沢の年来の主張を述べたものと言える。

孔子二千四百年祭が行われたのは大正十一年のことであるが、翌年九月、関東大震災で幕府時代の遺構である湯島聖堂は焼失してしまう。この復興はなかなか捗らず、渋沢の歿後、昭和十年（一九三五）に漸く再建された。このことを考え合わせると、斯文会による孔子二千四百年祭は、古い器（幕府時代の湯島聖堂）新しい中身が盛られた、近代漢学のあり方を象徴する出来事であったと見える。

近代漢学とは新しく近代日本の下に再編された儒教と言える。教育勅語（一八九〇年渙発）が戦前の教育の指針として発布され、儒教倫理（人間関係論）が教育の基礎に位置づけられる。それから戊申詔書（一九〇八年渙発）が日露戦後に発布されて、教育勅語の重要性が再確認されるとともに、更に教育勅語では配慮されなかった国際協調や経済発展といった視点が戊申詔書の中で新たに付け加えられていった。

儒教の再編に関して卑近な例を挙げれば、江戸時代まで孔子の言葉であることを示す「子曰」の二字は「子のたまはく」（先生がおっしゃった）と読んでいたが、今日の漢文訓読では「子いはく」（先生が言われた）と読むというわずかな違いが生じている。この漢文訓読の変化は、明治末に漢文訓読の基準[19]が作られて、そのなかで訓読の際の敬語は日本の皇室に関する場合を除いて用いないという原則が定められたからである。従来、中国の儒教的世界観を反映して、日本でも孔子は比類ない地位に置かれていたので、それに従って訓読語法でも「曰」は「のたまはく」「のとうまく」などといった敬語を用いて読まれていたが、右の規定ができたことにより明治末期以降は皇室に比して孔子をはじめ儒教の先哲はその地位が抑制された形で漢文訓読が行われようになる。

斯文会ができて数年後、大正末期には帝国議会における決議によって大東文化協会ができ、その学校施設として大東文化学院が作られている。この協会の目的及び事業に次のような言葉がある。「本邦固有の皇道及び国体に醇化せる儒教を趣旨として東洋文化に関する教育を施すことを目的とする」。日本帝国における教育内容として、日本固有の皇道・国体に醇化し合致した儒教というものに限定したうえで、儒教を教育のなかに取り込んでいくことが、ここで明確に謳われているのである。

明治、大正、昭和初期には先儒への贈位が盛んに行なわれている。正四位には明治十四年の蒲生君平から大正十三年の林鵞峰まで、合計二十九人が贈位されている。従四位には明治二十四年の飯田忠彦・大橋訥庵・藤森弘庵・間崎滄浪・松林飯山・松本奎堂から昭和三年の古賀穀堂まで、合計五十人が贈位されている。正五位には明治四十年の宮本茶村から昭和三年の愛甲喜春・遠近次左衛門・加倉井淡路・河野鉄兜・古賀茶渓・関藤藤陰・瀧鶴台・中垣謙斎・原古処・人見鶴山・若林強斎まで合計五十七人が贈位されている。従五位には明治三十六年の芳野桜陰から昭和三年の土井聱牙、東条琴台、丸川松隠、五弓雪窓まで合計三十人が贈位されている。以上、総計して一六六人に上る先儒への贈位が行われているのである。

贈位は明治初期には幕末の勤皇家に対して贈られることが多かったが、大正期以降は勤皇思想に拘わらず、必ずしも勤皇の事蹟が確認されない場合にも、先儒への贈位が増加していった。かつての儒教的世界観の中にあっては孔子廟内で孔子像を囲んで従祀されるべき存在であった儒者たちが、二十世紀初頭に行われた先哲への贈位という形を通して、天皇制国家の秩序の中に処遇され地位を定められていった。今や天皇の権威のもとに従祀されるようになったのである。

六、結語

釈奠、孔子祭祀は中国において長い歴史を持ち、祭祀対象はその時々の儒学思潮を反映して変化していった。特に従祀される先聖先師は歴史上かなり変化し、明代には宋・元・明の学者まで従祀されるに至る。日本では湯島聖堂の例のように、宋学大儒が従祀されることはしばしば見られた。

釈奠の儀礼は唐代に日本にもたらされたが、孔子の「文宣王」昇格にともない日本では釈奠に天皇が行幸することは殆どなかった。祭祀方法、祭祀対象には日中の差も見られ、日本では犠牲を用いる釈奠よりも釈菜で行われることが多く、また聖像の様式や木主を用いる用いない等の点でも相違があった。

儒教教学が重んじられた江戸時代に釈奠も広く全国的に普及するが、あくまで幕府や諸藩の公的な施設での祭祀が多く、例えば医家において神農を祀ったのに比べると儒家において孔子を祀ることは少なかったように見える。

日本で行われてきた釈奠として、最も由緒ある湯島聖堂における釈奠は、幕府の文教政策と共に歩んできたが、明治維新後は途絶してしまう。

日露戦争後に、儒教の宗教行事としての釈奠ではなくて、日本における儒教の普及を孔子に感謝する「孔子祭典」という形で復活する。そして日本の先儒の従祀や追贈も盛んになる。

旧幕臣の意識を持つ渋沢栄一は幕府の遺構である湯島聖堂を維持存続することに熱意を持ち、湯島聖堂を国民の儒教教化の場とすることに取り組んだ。明治維新後十分に処遇されてこなかった幕府遺構を維持存続することが、社会の継続性、安定化の上で軽視できないと考えたものと思われる。

近代漢学には日本帝国主義のもとに再編された儒教教学の色彩が濃厚であることから、従来どちらかと言えばネガティブなイメージが付きまとっていた。しかしながら、これは近代史の事例研究として重要であり、今後に俟つべきテーマは少なくない。

例えば、近代漢学と呼ばれる多様な動きの中でも、渋沢栄一の「道徳経済合一説」や三島中洲の「義利合一論」のように、かつては古臭く見えたものが今日のSDGs（持続可能な開発目標）の視点から読みなおすと、新たな魅力が見出せるように筆者は感じている。渋沢・三島の例が示すように、ネガティブなイメージに覆われた近代漢学の中から、新たな視点を通してすくい上げ見直すべき余地があると思われる。

百年前の一九二二年には、孔子二千四百年記念式典が日本全国で盛大に挙行され、湯島聖堂や二松学舎における式典では渋沢が演説している。湯島聖堂における式典後の祝賀会では、渋沢とも親交のあった水野錬太郎内務大臣が斯文会に対して「朝鮮の風教に裨益」する活動への期待を表明した。事実一九二二～二九年頃になると服部宇之吉・市村瓚次郎・塩谷温・宇野哲人ら東京帝大教授・斯文会役員は、成均館の後進組織である経学院と関係を深め、漢学による教化は国内のみならず植民地にも波及していった。一方、渋沢の式典での演説内容は従来の「論語と算盤」の繰り返しであり、朝鮮の経学院などで演説するようなこともない。暫定的に言えば、従来、国内外の教学形成に協力した漢学系の学者に厳しい視線が注がれてきたのに比して、渋沢には少なくとも日本国内ではそれほど厳しい評価は下されていないようだ。問題は本当にそのように見てよいのかということである。韓国では渋沢に対して厳しい評価が下されることが多い。相互に実相を求めて更に検討の余地があると思われる。古代中国に起源を持ちつつ東アジア各地に古くから浸透し各地において独自化していった儒教・漢学は、我々が東アジア各地域の多様性について考える場となりうる。

1　亜聖顔回を公に、九哲（閔子騫・冉伯牛・仲弓・宰我・子貢・冉有・子路・子游・子夏）を侯に、曽参以下七十三人を伯に封じた。

2 『続日本紀』宝亀六年十月、真備薨伝。「是より先、大学の釈奠、其の儀いまだ備はらず、大臣礼典を稽ふるに依って、器物始めて修まり、礼容観るべし（原漢文）」。

3 吉備真備の一回目の入唐は七一七年（霊亀三＝養老元）で、十八年後の七三五年（天平七）に帰朝。この時に真備が持ち帰った礼は「唐礼一百卅巻」（『続日本紀』天平七年四月二十六日条）とあるから、制定後間もない「開元礼」百五十巻ではなく顕慶三年（六五二）に成立した「永徽五礼」（顕慶礼）百三十巻のことであり、この礼によって後に釈奠の儀礼が整備された（天平二十年八月五日条）。真備二回目の入唐は七五二年（天平勝宝四）に出発し七五四年（同六）に帰朝、この時に新たに「開元礼」を持ち帰ったと考えられ、神護景雲年間の釈奠整備においては開元礼が参照された可能性が高い（大隅清陽『律令官制と礼秩序の研究』吉川弘文館、二〇一一年）。

4 須藤敏夫『近世日本釈奠の研究』（思文閣出版、二〇〇一年）序章による。

5 この挿図自体は、用箋の柱刻に「書籍館」とあることから明治初期の作製と考えられるが、熊本大学附属図書館本など他の伝本にも同じ挿図が見られることから、犬塚が著述した寛政年間に何らかの資料に基づいて作画したものと考えられる。

6 『国史館日録』第三、寛文八年四月朔日条（『史料纂集』一一六、七六頁）。

7 『昌平坂釈奠記寛政十二年仲秋』二松学舎大学東アジア学術総合研究所所蔵。「釈奠儀注」と絵図七葉が含まれている。

8 『日本漢文学研究』（二松学舎大学・日本漢学研究センター発行）に翻刻を連載中。当該の寛政五年以降の記事は、同誌一三号（二〇〇八年）所収分に含まれる。

9 伊藤たまき「湯島聖堂の孔子像」（『草創期の湯島聖堂』斯文会、二〇〇七年）。

10 『東京帝国大学五十年史』等を参照のこと。

11 『（大学行幸取調文書）』二松学舎大学所蔵。

12 『斯文』第四編第六号（一九二二年十二月刊）孔子祭典号の「各地祭典記事」による。

13　西村天囚は明治四四年一〇月五日に中之島公会堂を会場として懐徳堂先哲の祭典を挙行した。東大古典講習科の同窓で東洋史学者の市村瓚次郎に祭典の記念講演を依頼する書簡の中で、西村は「祭典之儀ハ釈奠を参酌し、講経論議之故例に倣ひて六日七日の両日ハ講演会開催之筈」「及門諸老十人許献撤之役目にて、儒式とは乍申損益不少、今古参酌に御座候」（市村瓚次郎宛、西村天囚書簡、一九一一年八月一一日付、二松学舎大学東アジア学術総合研究所所蔵）と述べており、釈奠をベースにしつつ懐徳堂旧門人たちに献饌・撤饌などの担当を分担するなどのアレンジを加えたことが分かる。

14　一九二二年に、服部宇之吉は本稿に挙げたように少なくとも五回、全国各地で孔子二千四百年の記念講演を行っている。

15　「孔子二千四百年祭に就て」、『二松学報』六号、大正一一年一二月刊。

16　並木栗水や楠本碩水は、三島中洲「義利合一論」への論駁を残している。

17　大正十一年の孔子歿後二千四百年に当たり、「論語文庫」の開設を思い立った渋沢は、女婿穂積陳重に『論語』関係文献の収集を委嘱したが、その収書は関東大震災で灰燼に帰してしまう。その後、有志者の寄贈によって「論語文庫」が再び作られ、渋沢邸内の晩香廬に収められた。渋沢は自著『論語と算盤』や斯文会刊『国訳論語』などの啓蒙書のほか、林泰輔『論語年譜』などの学術書の刊行や貴重書の複製も支援した。

18　渋沢栄一は二松学舎出版会から刊行した『論語講義』の扉に、この『論語』雍也篇の言葉を揮毫して掲げている。

19　服部宇之吉「漢文教授ニ関スル調査報告」（官報八六三〇号）。

『制度通』と『両朝時令』に見る学問と政治
――「釋奠の事」を一例として

武田祐樹

一、はじめに

本稿では、伊藤東涯（一六七〇～一七三六）『制度通』巻一一「釋奠の事」の記述を検討し[1]、あわせて林鵞峯（一六一八～一六八〇）『両朝時令』「釈奠」をも検討し、比較を試みる。これにより、両者の学について、その特徴を論じる。

なぜ釈奠に着目するのかについては、以下の通り。この一〇年ほどで、徳川時代に行われた儒礼の研究は甚だ進み[2]、もはや当該時期における儒教の受容が知的なレベルにとどまったという議論は通用しなくなりつつある[3]。とはいえ、それらが概ね『朱子家礼』の徳川時代への影響という枠内にとどまるものであるのも確かである。『朱子家礼』は士・庶人を問わず実践し得る、まことに平等な性質を帯びており、その背景には朱子学の性説があること、周知の通り。[4] しかしながら、本来的には、儒教における礼とは身分秩序と紐付けされた概念なのであって、釈奠などもその一つである。そのため、そもそも、釈奠の運営側として参加出来た儒者が絶対数として限られてくる。

したがって、釈奠は学問と政治の関係を考える上で好個の材料であると同時に、先考研究の手薄い儀礼なのである。

また、伊藤東涯と林鵞峯を並べて論じることに奇異な印象をおぼえる者もいるかもしれない。しかし、実は、両者はさほど遠い所にいるわけではない。そもそも、林鵞峯は、伊藤東涯の父である伊藤仁斎（一六二七～一七〇五）について、『国史館日録』寛文八年（一六六六）四月一八日の記事で、「閑居好学其為人亦好」という評判を記録している。のみならず、林鵞峯自身の学も、父である林羅山（一五八三～一六五七）に比すれば、ヒューマニティに傾斜するものである。[5]

何よりも、両者は日中の制度沿革を記す書を編んだという点で共通する。よって、両者の比較検討を試みるのは、至極当然というべきである。むしろ、これまで斯かる試みがなかったことにこそ、憾みなしとしない。

従来、伊藤仁斎・伊藤東涯父子は、その人柄といい、学問といい、高く評価されることが一般的である。[6] しかしながら、その内実については、いまだ検討の余地がある。また、『両朝時令』は、『制度通』の如き日中の制度沿革を叙述した先駆的な書籍でありながら、写本でのみ伝わることもあってか、従来議論の俎上にのぼせられてこなかった。

そこで、本稿では、日中の制度とその沿革が記された著述として高く評価される一方、必ずしもそれ自体が研究の対象とはなってこなかった、『制度通』に着目して検討の俎上にのぼし、『両朝時令』との比較検討を行う。

この、一見さほど縁のないように見える両書を比較することで、伊藤東涯と林鵞峯の学を闡明する。

二、『制度通』巻一一「釋奠の事」の構成について

『制度通』各篇は、一般的には、日中両国の制度史として、まず中国の記事を掲げ、次に日本の記事を掲げる、二つの部分から成るものと理解されている。しかし、これは不正確な理解である。というのも、実際に「釋奠の事」の例を見ると、大まかに三つの部分から成ることが見て取れるためである。

すなわち、唐玄宗皇帝（六八五〜七六二）開元年中（七一三〜七四一）に、釋奠の大まかなフォーマットが形作られるまでを記述した部分、唐代の制度が日本に伝わり、如何に行われて行ったのかを記述する部分、そして、宋・元・明と時代が移るなかでの細かな変化を要領よくまとめた部分である。

したがって、『制度通』の日本関係の記事は、古代から唐代までの記事と宋代から明代までの記事とに、挟まれていることになる。斯かる構成となる理由は、中国の制度と比定し得る日本の制度である所の、律令制が唐代の制度に学んだことに由ろう。

また、のちほど再び言及するが、最初の部分については中国の所謂正史などを参照したかの如き形跡があり、真ん中の部分については『延喜式』などが引用され、最後の部分については唐代以降に成立した『通典』や『文献通考』、『続文献通考』などの制度沿革に関してまとめてある書物が頻繁に引用される。

次節からは、主に、この最初と最後の部分に着目して、「釋奠の事」の記述に依拠しつつ中国における釈奠の歴史を概観して行きたい。

三、『制度通』「釋奠の事」を通して見た唐代へ至る釈奠の歴史

釈奠とは、古くは『礼記』に見え、先聖・先師を祭る儀式である[7]。祭るに当たっては、お供え物として獣肉と酒を用意する[8]。また、釈菜という儀式もあり、こちらはお供え物として獣肉を用いない[9]。元来、釈奠における先聖・先師とは、その内容に幅のある概念であった[10]。ところが、魏の時代に、国家の中央教育機関で孔子を祭り、傍ら顔回を祭るという、後に続く形式の雛形が出来た[11]。とはいえ、唐太宗（五九八～六四九）の貞観二年（六二八）に周公を祭ることをやめて、孔子を先聖として顔回を配享する由、建議があったとのことであるから[12]、唐代に至るまで釈奠の形式は必ずしも一定しなかったのであろう。

また、唐太宗貞観二一年（六四七）には、左丘明以下二二人の学者（二二賢）を配享することとな

り、[13]玄宗の頃、開元年中に孔子の高弟（七〇子）を二二賢の上に配することになった。[14]孔子にあわせて誰を祭るかは、後世細かく変わって行く。

唐代に至る釈奠の歴史は以上の通りであるが、いま『制度通』の叙述形式という点から、「釋奠の事」の最初の部分の特徴を考えてみたい。それは、制度の変遷について、タイムラインを意識して、様々な出来事の年月を可能な限り明記する点である。もちろん、斯かる態度を備えた古典籍は所謂正史や、『通典』や『文献通考』、さらに後代の書物としては『続文献通考』など、枚挙にいとまがないわけではあるが。

それだけに、孔子を先聖として祭り顔回を配享するという、釈奠の基本的形式を整備し、釈奠の歴史を考える上で端緒となった、魏の時代の記述に年月が明記されていないのは、言い掛かりのようではあるが、不審である。

脚注にて既に掲げているが、いま一度ここに引用し、且つ当該時期（三国魏）のことを調べる上で根本資料となる、『三国志』の記述をも参照したい。[15]

三國魏の齊王の時に、孔子を釋奠し、はじめて顔淵を配す」（『制度通』巻第一一、二丁裏）

二年春二月、帝初めて論語に通ず。太常を使て太牢を以て孔子を辟雍に祭らしむ。顔淵を以て配す。（『三国志』魏四、三少帝紀第四、正始二年、四丁表）

七年（中略）冬十二月、禮記を講じて通ず。太常を使て太牢を以て孔子を辟雍に祭らしむ。顔淵を以て配す。（『三国志』魏四、三少帝紀第四、正始七年、七丁表）

『三国志』を見る限り、伊藤東涯が言う所の「三國魏の齊王の時」には、少なくとも二回は孔子を祭り顔回を配享する、儀式を行ったようである。つまり、正始二年（二四一）と正始七年（二四六）の二回である。そして、引用箇所を素直に読んだ場合、「初めて」という言葉が付いている、正始二年の儀式をまさしく初回と見なして、その後正始七年に二回目の儀式が行われたものと見なすのが正当であるように思われる。逆に、やや無理のある議論ではあるが、正始二年の記事を何らかの理由から不審に思い、正始七年を初回とする立場も理屈の上ではあり得ぬことではない[16]。であれば、何はともあれ正始二年の記事を引き、紙幅が許すようならば、正始七年の記事も引く、というのが適切な方法であろう。

一体、伊藤東涯は如何なる理由によって、右の如き判断を行わなかったのであろうか。しかし、あるいは、こういう風にも考えられるかもしれない。正始年間における、二回の釈奠の記述は衍文かもしれない、と。記述が重複しているのは、誤りかもしれない、と。そうであるとするならば、伊藤東涯の判断は、篤実と評される、彼の性格と学問に相応しいものと解せざるを得ない。

いずれにせよ、結局、伊藤東涯は年月を明記せず、「三國魏の齊王の時」という、時間的に幅のある記述を選んだのである。

一旦、判断を保留して、『制度通』「釋奠の事」の最期の部分、すなわち宋代以降の記述を追いかけてみよう。

宋代以降は、孔子と共に祭る、配享・従祀の対象が細かく移り変わって行く。北宋徽宗（一〇八二～一一三五）の頃、王安石（一〇二一～一〇八六）を配享することになるが、[17]北宋欽宗（一一〇〇～一一六一）の頃、楊亀山がこれに反し、王安石の図像を破り捨てる、[18]という事件が起きる。楊亀山（一〇五三～一一三五）が、王安石と対立した、二程子に師事していたことは、よく知られている。中国の釈奠では、七〇子や二三賢以降も、後世の学者を配享・従祀した。そして、誰を配享・従祀するかは、優れて政治的な問題であった。

明代に入ると、漢唐以来の諸儒から北宋の四子や朱子、果ては王陽明（一四七二～一五二九）まで従祀するに至る。[19]これは、王陽明でさえも儒教乃至は朱子学の枠内に包摂し得るという、明王朝による態度表明に他ならない。

では、斯かる祭祀が日本に入り込んできた時に、同じような出来事が起こるのであろうか。

四、林家私塾の変遷と釈奠

前節では、伊藤東涯『制度通』の記述を借りて、中国における大まかな釈奠の歴史を概観した。本節では、一七世紀における釈奠の歴史について犬塚印南（一七五〇～一八一四）『昌平志』の記述を借りて概観したい。ただ、記述が煩瑣となるのを避けるため、注にて逐一出典を挙げることはしない。

寛永七年（一六三〇）、林羅山は三代将軍徳川家光（一六〇三～一六五一）より上野忍岡に土地を賜り別墅とすると共に、学校開設資金として黄金二〇〇両を賜る。続いて、寛永九年（一六三二）、今度は尾張徳川家の祖である徳川義直（一六〇一～一六五〇）の援助により、上野別墅に先聖殿（大成殿）を建立し、孔子らの像を安置し、翌寛永一〇年（一六三三）から、林家で釈奠を行うようになるが、林羅山存命時には定期的に行われることはなかった。

林家で春秋二仲の釈奠が定期的に行うようになるのは、林鵞峯の代である。万治二年（一六五九）、春秋二仲の釈奠が実施され、以降諸事情によりたまたま実施できぬ例がありつつも、本来は行うべきものという意識のもと、概ね継続する。付け加えると、林鵞峯の代に、釈奠やその他の儒礼に関する資料が多く成立した。これは、林鵞峯のもと、様々な儀礼を執り行った結果、先例が蓄積すると共にマニュアルが整備されたものと解し得る。

さらに、寛文三年（一六六三）、林鵞峯が五経全部の講義を行った功績により、弘文院学士号を賜り、以降は忍岡の山荘を弘文院と称する。寛文四年（一六六四）、『本朝通鑑』編纂のために国史館が設置され、修史事業が始まる。事業完了の暁には、国史館を教育施設として存続するとの話が内々にあった。そして、寛文一〇年（一六七〇）、『本朝通鑑』が完成し、国史館は正式に学寮として存続することになり、修史事業の際に賜った九五人扶持が門人の教育にあてられる。また、この頃、林家門人が諸大名家に仕えることとなり、林鵞峯は感慨深げに時代の変化を振り返っている。

要するに、林鵞峯の代に、林家では釈奠を始めとする儒教の儀礼が整備されると共に、その私塾は徳川幕府から割りふられる各種編纂事業に対応し得る人材を育成する教育組織国史館へと変貌して行く。斯くの如く、政府との関係を深める中で、宗教と教育があいまった、教学が形成されて行くのである。この間、徳川幕府との関係も、林羅山存命時の如き支援者との個人的な信頼に基づくものから、制度的裏付けに基づくものへと変化して行くのである。

林鵞峯の代に、林家私塾は国史館へと再編され、既に多くの点で変化していたが、三代目林鳳岡（一六四五〜一七三二）の代に、さらなる展開を迎える。元禄三年（一六九〇）、孔子廟が昌平坂へ移り、幕府の管理下に置かれた。湯島聖堂の誕生である。元禄四年（一六九一）、林鳳岡が朝散大夫従五位下に叙せられ、以後束髪して大学頭と称するに至る。享保二年（一七一七）、仰高門東舎で林家門人が輪番で講釈し、武家は勿論農民や商人も聴講した。享保三年（一七一八）、林葛廬（一六七一〜一七三四）・人見元沂（一六七〇〜一七三一）・木下菊譚（一六六七〜一七四三）・荻生北渓（一六七三〜一七五四）ら儒臣が交替で仰高門日講を行うようになる。

こうして、湯島聖堂は林家門人以外の者をも迎え、林鳳岡自身は自ら門人の教育に当たることもなくなり、その一方で禄高は三二〇〇石を数えるに至る。そして、林鳳岡の後には、『昌平志』の記述は単調になり、ただ釈奠の記録が羅列されるようになる。逆に言えば、諸事情により変礼を用いる状況もありながらも、概ね釈奠は行われていたわけである。

五、『両朝時令』について

前節で確認した如く、林家の釈奠を実質的に整備したのは林鵞峯であった。この林鵞峯には、伊藤東涯『制度通』の如き、日中の制度沿革を併記した著述がある。

本節では、特に国立公文書館所蔵林家旧蔵写本『両朝時令』（請求記号：一八四‐〇〇一七）について、簡単に紹介する。

『両朝時令』は三冊の写本、寛文一三年（一六七三）の序を備え、加賀藩主前田綱紀（一六四三～一七二四）の依頼で作成された由、記されている。序は『鵞峯文集』所収のものとは少しく異同があるが、概ね同じい。また、林鵞峯の「自叙譜略」延宝元年の条には、「秋作両朝時令。加賀羽林所求也」（秋両朝時令を作る。加賀羽林の求むる所なり）とある。毎半葉一〇行。基本的には漢文で記され、朱で句読点が附されているが、句点と読点を区別しているかの如く見える箇所あり、そうは見えない箇所あり、という具合である。また、『公事根源』をはじめとした和文で記された古典を引用する関係上、漢字カタカナ交じり文が挿入される場合もある。[20] 首「両朝時令序」、次「凡例」、次「両朝時令一」（全八三丁）、次「両朝時令二」（全八七丁）、次「両朝時令三」（全六二丁）。印記「林氏蔵書」（陽刻正方印、各冊第一丁表右上）、「日本政府図書」（陽刻正方印、各冊第一丁表右辺）、「浅草文庫」（陽刻双辺長方印、各冊第一丁表右下）、「昌平坂学問所」（陽刻長方印、各冊表紙右上および最終丁裏左上、第三冊のみ表紙右上および最終丁表上辺）。

該書は、伊藤東涯『制度通』に先駆けて日中の制度沿革を併記し、かつ主として『公事根源』に依拠して、天皇が朝廷にて執り行う年中行事を元旦から順に記すという方針を取る。これらはいずれも林鵞峯の見識を示すものであるが、出版されず写本でのみ伝わり、従来検討の俎上にのぼされてこなかった。

そこで、以下、既に詳細に確認した『制度通』との対比の下に、林鵞峯が釈奠の沿革を如何なる資料に依拠して、如何に説明するのかを確認することで、該書の性格を確認して行く。

林鵞峯もまた、伊藤東涯と同様に、『礼記』の文王世子や月令といった資料を用いる[21]。そうすることで、釈奠の淵源を五経に求め、かつ注疏から「奠」字の訓詁を参照する態度は同じい。

しかし、その後、林鵞峯は全て『泮宮禮樂疏』に依拠するようである。そのため、「○禮樂疏」や「又曰」、「禮樂疏曰」といった表記が続く。

そして、先述した魏斉王のくだりでは、林鵞峯は正始七年説を採用したようである。これもまた、『泮宮禮樂疏』の記述を踏襲したものである[22]。林鵞峯は、基本的には、当該箇所で『泮宮禮樂疏』原文を忠実に引用している。しかし、正始七年の祭祀を以て孔子を先聖とし顔回を先師として祭る、後に続く方式の淵源となったとの見解を示す、「按」字を削り、あたかも自らの独創にかかるものであるかの如く引用している。

さらに、『泮宮禮樂疏』巻第二には、顔回配享の始めとして正始二年の記事が掲げられているが[23]、林鵞峯はこれには触れない。『泮宮禮樂疏』の態度も不可解であるが、林鵞峯のそれも疑いを免れぬ。つまり、一部の書籍の中で矛盾と受け取られかねない記述を平然と行うのも不可解ならば、引用や叙述に注意を要する箇所を見過ごしている林鵞峯にも、文献学的な落ち度がありはすまいか。

斯くの如く、後世に成立した制度沿革を記す書籍は大変便利ではあるが、相互に矛盾した記述が見えること往々にあり、林鵞峯が用いた『泮宮禮樂疏』などは一部の書物の中で矛盾と理解されかねぬ問題を孕んでいた。

六、おわりに

以下、ここまでの議論を踏まえて若干の考察を加える。

『制度通』「釋奠の事」において、伊藤東涯は釈奠の淵源を記述するにあたり、正始二年とも正始七年とも言わず、明言を避けた。一方で、林鵞峯は『泮宮禮樂疏』巻第一の記述を引用し、正始七年とした。

『制度通』のみを読んだ者には、伊藤東涯の真意は理解しがたいかもしれないが、続けて検討した『両朝時令』の例を見た者には、黒白を別つが如く明白であろう。すなわち、伊藤東涯は制度沿革を整理した書籍の記述が相互に矛盾することを知り、速断を避け、判断を保留せざるをないと考えたのである。所謂闕疑の法というものである。逆に、少なくとも、『両朝時令』の釈奠に関する記述の中には、林鵞峯の態度に、伊藤東涯ほどの文献学的批判の傾向を確認できなかった。

もとより、『両朝時令』は日本側の制度を掲げて中国側の制度は一段落として記述され、さらにその内容は、『公事根源』に依拠すると明言しているだけあって、日本側の制度に関する記述に偏っているきらいがある。文献考証の類も、日本側のそれについては、実に手厚いのであって、あまり問題点ばかり指摘するのも公平を欠く。

しかしながら、両者を並べてしまえば、『制度通』の『両朝時令』に対する優越は疑いようもない。

最後に、日本側の制度沿革に関する記述の中から、釈奠への天皇行幸に関する記事を紹介する。釈奠は朝廷の執り行う年中行事の一つである。そのため、その最終的な責任者は天皇にあると言える。ところが、世には文武天皇（六八三～七〇七）の時代にあったとか[24]、孝謙天皇（七一八～七七〇、在位七四八～七五九、重祚して称徳天皇）の時代にあった[25]、称徳天皇（在位七六四～七七〇）の時代にあったとか[26]、という類の議論がまま見られる。林鵞峯もそういった論者の一人である。

さらにいえば、林鵞峯が唱えている孝謙天皇釈奠行幸説には、根拠となる資料が見当たらない。また、『本朝通鑑』の如き林家が主導して編纂した史書にも記されていないのである。

では、天皇行幸が一度もなかったかと言えば、そうではない。『続日本紀』称徳天皇神護景雲元年（七六七）二月に「幸大学釈奠」とあり、これは「大学に幸し釈奠す」との謂いであろう。神護景雲元年は称徳天皇の御宇にあたり、称徳天皇とはつまるところ重祚した孝謙天皇のことであろう。また、斯かる記述は、大学寮における釈奠の主催者が天皇であったことを示すものであると共に、天皇がさほど釈奠という儀礼に対して積極的に関わろうとしていなかったことを示唆するものと解し得よう。

したがって、称徳天皇説には、少なくとも当該時期の根本資料である『続日本紀』の裏付けがあることになり、また孝謙天皇説も必ずしも間違いとは言えぬが、なぜ称徳天皇と記述しないかという疑惑は拭いきれない。さらに、林鵞峯がその後も天皇の釈奠行幸が繰り返されたかの如き印象を与える記述を行うのは、やはり不審である。

一体、『本朝通鑑』編纂の主管者である林鵞峯が、斯くの如き瑕疵を残す記述を許したのか、疑問は尽きない。

逆に、伊藤東涯は天皇行幸について全く言及しないのである。

両者の斯かる態度の違いが、いったい何に起因のかと言えば、それは、学問と政治との距離感ではあるまいか。林家では林羅山以来、『本朝神社考』や『寛永諸家系図伝』、『本朝通鑑』など、本来は朝廷が主導すべき書籍の編纂を行って来た(27)。そして、既に確認した通り釈奠についても、徳川義直や徳川家光らの協力の下、彼らの意向に沿う形で整備されてきたのである。

したがって、一七世紀を通して行われてきた林家での釈奠もまた、他の事業と同じく、徳川幕府による幕藩体制確立のため、天皇の権威に寄生しながら、本来的には天皇が行うべき事業を武家主導で行う運動の一環であったものと解したい。

儒者である林鵞峯が漢籍にままある制度沿革の書ではなく、『公事根源』に依拠した年中行事のスタイルで日中の制度沿革を叙述し、不審な点を残しながらも天皇の釈奠行幸を記述したのも、このどうようもない林家の御用学者らしさの発露と言えようか。

とすれば、『両朝時令』が『制度通』の如く流布せず、写本でしか伝わらなかったのも致し方ないことである。

一方で、伊藤東涯の叙述には、斯かる御用学者らしい素振りは全く感じられない。それが、この篤実な学者の持ち前、際立った特徴と言える。むしろ、林鵞峯と並べることで、伊藤東涯の学は闡明される。

要するに、『制度通』と『両朝時令』を分けたのは、文献学的な態度も勿論の事ではあるが、何よりも両者の政治との間合いなのである。


〔本稿は文部科学省科学研究費補助金（基盤研究（S））「尊厳概念のグローバルスタンダードの構築に向けた理論的・概念史的・比較文化論的研究」（18H05218）による成果である〕

1　なお、本稿では、国立公文書館内閣文庫所蔵寛政八年刊（寛政九年印）本『制度通』（請求記号：二六六‐〇〇九九）を用い、漢文で記述されている箇所は読み下した上で引用する。また、以下『制度通』と略記する。
2　吾妻重二の一連の業績は、その代表と言える。特に、『家礼文献集成』日本篇一～一〇（関西大学東西学術研究所集刊、二〇一〇～二〇二二）は、書誌的記述を含む「解説」も付され、主として喪礼関係の研究に寄与するもの言える。

3　かつて頼惟勤は『小学』冒頭に胎教の記述が掲げられることに触れた上で、「熊の帯」という土俗的な習慣が徳川時代に行われていたことに言及し、「これが心情として、本音の世界であるに違いない。しかしそれはそれとして、やはり胎教（中略）が、心のどこかに刻み込まれていたと考えたい。この際、それがその通りに実践されたかどうかは別である。そういう心の中の何かが、生活全般を締りのないものから救う役割をしていたと考えるものである」（頼惟勤「江戸の心情」、頼惟勤・高島元洋共編『江戸とは何か―江戸の思想と心情―』至文堂、一九八五、八頁）と述べたが、至極もっともである。

4　この点、吾妻重二は最近発表した論考で、荻生徂徠（一六六六～一七二八）が幕府に届け出の上『朱子家礼』に則って妻の葬儀を行ったことを誇りとしたことに触れ、「『家礼』の特色の一つは、ここで徂徠がいみじくも喝破したように、天子から庶人に至るまで、貴賤に関係なく基本的に誰でも実施できる内容であるが、徂徠はそうした朱子学の平等主義的構想には反対で、「分」（身分）の違いを強調する」（吾妻重二「荻生徂徠における儒教儀礼の問題」、伊東貴之編『東アジアの王権と秩序―思想・宗教・儀礼を中心として』、汲古書院、二〇二一、六五九頁）と言う。

5　拙論「徳川時代の学問と政治―林家私塾から昌平坂学問所へ」（『ドイツ応用倫理学研究』一一号、二〇二二）を参照されたい。

6　伊藤仁斎については、「彼の人格が、その学説の実践として、寛容に温和に誠実に清潔をきわめたことが、もろもろの雑音を消して、一世の巨人として、声望をあつめた何よりの原因であったことは、人人のしばしば指摘するところである」（吉川幸次郎「仁斎東涯学案」、日本思想体系三三『伊藤仁斎・伊藤東涯』、岩波書店、一九七一、五六九～五七〇頁）とのこと。また、伊藤東涯については、「この書物の中から、記述の誤りを指摘することは、むづかしい。また引用文の誤讀も、絶無に近いやうである。かうした正確さは、主として東涯の人柄によつて生れたと思はれる。東涯が篤實な君子人であつたことは、數々の挿話が物語る通りであるが、その篤實さは、狭義の實踐に作用したばかりでなく、讀書の生活、著書の生活にも、充分に實踐されたのであつた」（吉川幸次郎「解題」、岩波文庫『制度通』上巻、一九四一、一一～一二頁）とある。

7　「○釋奠の事、はじめて禮記文王世子の篇に見はる。曰く、凡そ學、春は官其の先師に釋奠す。秋冬も亦た之くの如くす（中略）又云く、凡そ始めて學を立つる者は、必ず先聖先師に釋奠す、と」（『制度通』巻第一一、一丁表）。

8 「注に云く、釋奠とは、薦饌を設けて酌奠するのみ」（『制度通』巻第一一、一丁表）。ここに言う「注」とは『礼記』文王世子における鄭玄の注である。

9 「又釋菜あり（中略）孔疏に謂へらく、釋菜は惟れ蘋藻を釋くのみ。牲牢幣帛なし」（『制度通』巻第一一、一丁裏）。孔疏とは、『礼記』王制における孔穎達の疏である。

10 「注に云く、先聖は周公若しくは孔子なり、と。先師のこと、先儒又おもへらく、漢の時、禮に高堂生あり、樂に制氏あり、詩に毛公あり、書に伏生あり、この類何れも先師とすべし、と」（『制度通』巻第一一、一丁表～一丁裏）。ここに言う「注」とは『礼記』文王世子における鄭玄の注であり、「先儒又おもへらく」の先儒は孔穎達であり、「漢の時」以下は『礼記』文王世子における孔穎達の疏である。

11 「三國魏の齊王の時に、孔子を釋奠し、はじめて顔渕を配す」（『制度通』巻第一一、二丁裏）。

12 「唐の高祖武徳の時には、周公を先聖とし、孔子を配享す。太宗の貞觀二年に、左僕射房玄齢等が議によりて、晋宋以来の故事により、周公を祭ることを停めて、孔子を先聖とし、顔回を配享す」（『制度通』巻第一一、三丁裏）。

13 「二十一年詔ありて、左丘明已下賈逵まで二十二人、経書に功ある人を以て、尼父の廟堂に配享す。後世諸儒配享のはじまりなり。配享と云は、相伴にまつることなり」（『制度通』巻第一一、三丁裏）。

14 「玄宗の開元中に、國子司業李元瓘が言により、七十弟子の像を圖し、二十二賢の上に列し、顔子亞聖なるによりて、御製の賛あり。其餘は、當代の文士に、分て是を作らしむ。是七十子従祀のはじめなり」（『制度通』巻第一一、四丁裏）。

15 なお、本稿では、伊藤東涯が参照し得た可能性のある、和刻本を用いる。ここでは、早稲田大学所蔵市島春蔵旧蔵漢文一〇年刊本『三国志』（請求記号：リ〇八・〇四九九七）を用いるが、要するに寛文板であることが大事なのであって、このテキストがずばり伊藤東涯が参照したものであるわけではない。天理図書館編『古義堂文庫目録』（復刻版、八木書店、二〇〇五、三〇一頁）を見ると、『三国志』については、伊藤輶斎（一八三一～一九〇七）による書入れの確認できる、寛文板の後刷が伝わるばかりである。もちろん、書入れや押印は、ずっと以前から所蔵していた資料に付与することが出来る。しかし、伊藤東涯が『三国志』を間違いなく孫引きでない形で見ていたという、積極的な証拠を欠く状況にあるのも確かである。この点、他日あらためて考えたい。

16 実際に現代でもそうする者はいる。たとえば、須藤敏夫『近世日本釈奠の研究』（思文閣出版、二〇〇一、四頁）は、出典が明記されていないため意図は不明であるものの、正始七年の記事をのみ紹介する。思うに、何らかの書からの孫引きかひ孫引きであろう。該書は、『昌平志』や『徳川実紀』などから釈奠がらみの記述を抜き出したノートとしては意味がなくもない。しかし、本稿冒頭で言及した、ここ一〇年での儒礼関係の一次資料の掘り出し作業を含めた地道な研究の蓄積に比すれば、該書の叙述からは古めかしい印象を覚えざるを得ない。

17 「徽宗の時に、伯魚・子思を封じて侯とす。又王安石を舒王に封じ、孔廟に配享し、孟子の次におく」（『制度通』巻第一一、九丁裏）。

18 「欽宗の時に、右諫議大夫楊時、王安石配享すべからざるのわけを言上し、王爵を奪ひ、配享の像をやぶりて、鄭玄の例によりて従祀す」（『制度通』巻第一一、一〇丁表）

19 「漢唐以来の名儒、漢の董仲舒、唐の韓退之、宋の周・張・程・朱、明の薛文靖・陳白沙・王陽明等まで、皆従祀せらる。續通考並に聖賢像賛に詳し」（『制度通』巻第一一、一一丁表）

20 『壒嚢鈔』・『夫木集』（夫木和歌抄）・『簠簋内伝』・『源氏物語』・『世諺問答』・『徒然草』・『辨内侍日記』・『拾芥抄』など。

21 「禮記文王世子曰、凡始立學者、必釋奠於先聖先師。鄭註、釋奠者設薦饌酌奠而已。周禮疏、奠之為言、停。停饌具而已。陳祥道禮書奠者陳而奠之也。月令仲春上丁、命樂正習舞釋菜」（禮記文王世子に曰く、凡そ始めて學を立つる者、必ず先聖先師を釋奠す。鄭註、釋奠とは薦饌を設け酌奠するのみ。周禮の疏、奠の言為る、停。饌具を停むる。陳祥道禮書奠とは陳べて之を奠くなり。月令仲春上丁、樂正に命じて舞を習はして釋菜せしむ）（『両朝時令』第二冊、二丁裏）。

22 「魏主芳正始七年、令太常釋奠、以太牢祀孔子于辟雍、以顔淵配。釋奠及顔淵配、皆始此」（魏主芳正始七年、太常を令て釋奠せしむるに、太牢を以て孔子を辟雍に祭らしめ、顔淵を以て配す。釋奠及び顔淵の配せらるること、皆此に始まる）（『両朝時令』第二冊、三丁裏）。「魏主芳正始七年、令太常釋奠、以太牢祀孔子于辟雍、以顔淵配。按釋奠及顔淵配、皆始此」（魏主芳正始七年、太常を令て釋奠せしむるに、太牢を以て孔子を辟雍に祭らしめ、顔淵を以て配す。按ずるに釋奠及び顔淵の配せらるること、皆此に始まる）（『泮宮禮樂疏』巻第一、五丁表～五丁裏）。

23 「魏主芳正始二年、使太常釋奠孔子於辟雍、以顔淵配」（魏主芳正始二年、太常を使て孔子を辟雍に釋奠せしめ、顔淵を以て配す）（『泮宮禮樂疏』巻第二、二丁表）。

24 「今案本朝上・古行幸大学寮一尺奠　續日本紀文武天皇大宝元年二月丁巳釈奠」（今案ずるに本朝上古大学寮に行幸し尺奠す　續日本紀文武天皇大宝元年二月丁巳釈奠す）（昌平坂学問所旧蔵写本『江次第抄』第五、第一丁表、請求記号：一四四・〇三四八）

25 「孝謙天皇神護景雲元年二月丁亥幸大學寮釋奠。釋奠行幸始於此。」（孝謙天皇神護景雲元年二月丁亥大學寮に幸して釋奠す。釋奠行幸此に始まる）（『両朝時令』第二冊、一丁裏）

26 「鈔云、稱徳天皇天平神護三年二月丁亥大學に釋奠を行ふ。此の日行幸有り」（『江家次第』巻第五、日本古典全集、日本古典全集刊行会、一九三三、四五五頁）

27 拙著『林羅山の学問形成とその特質―古典注釈書と編纂事業』（研文出版、二〇一九）後篇を参照されたい。

台湾における孔子廟と孔子祭祀
――その重層的な歴史をひもとく

水口拓寿

一、はじめに――本稿の主題

台湾の歴史は重層的である。孔子廟及び孔子祭祀（釈奠（せきてん）と呼ばれる場合が多い[1]）に関連する時間範囲に視野を限っても、東寧王国（所謂「鄭氏政権（ていしせいけん）」）・大清帝国・大日本帝国・中華民国という四つの外来権力[2]が、この地を入れ替わり立ち替わり支配してきた。

表一　台湾史略年表

前四〇〇〇頃	オーストロネシア系先住民族の定住
後一六〇〇年代	漢民族（閩南人・客家人）の本格的流入
一六二四～一六六二	ネーデルラント連邦共和国（オランダ東インド会社）による支配
一六六二～一六八三	東寧王国による支配 ★一六六五　台南孔子廟の創建
一六八三～一八九五	大清帝国による支配
一八九五～一九四五	大日本帝国による支配
一九四五～現在	中華民国による支配 （一九四五～一九九六　中国国民党政権の独裁） （一九九六～現在　民主化・本土化の進展）

台湾には約四〇の孔子廟が現存し、(3)うち官営のもの（県営・市営）は一三を数えるが、このように重層的な歴史の中で、現存孔子廟の建立時期は複数の時代に跨っており、いつかの時点で一度撤去されたものが、同じ時代に、或いは後の時代に再興された事例も見られる。(4)歴代の外来権力が、或いは少なくとも「個々の外来権力に支配された時代」が、いずれも孔子廟に何らかの関心を有していたことが分かろう。

表二　台湾の現存孔子廟（官営のものに限る）

大清帝国時代に建立	台南市【創建は東寧王国時代】・新竹市・宜蘭県・高雄市（鳳山旧城）・彰化県・屏東県・澎湖県
大日本帝国時代に建立	台北市【支配初期に撤去↓後期に民間で再興↓中華民国時代に官営化】
中華民国時代に建立	桃園市・台中市【大日本帝国時代に撤去↓中華民国時代に再興】・嘉義市【同上】・高雄市（左営）・高雄市（旗山）

本稿では、台湾を支配した東寧王国以下四つの外来権力のうち、現存孔子廟の建立もしくは運営に関与した大清帝国・大日本帝国・中華民国の三つに焦点を当て、それらに属した為政者が孔子廟と孔子祭祀の文化的な位置をどのように設定し、台湾支配のための道具に利用しようとしたか（実際にどれほど利用できたかは別の問題である）について、簡潔に報告することにしたい。孔子廟という場に接点を持った者たちとしては、集団の形を取った国家権力の他にも、①個人として見た場合の為政者、②知識人（親儒教的立場にあった者、或いは儒教の批判者）、③廟の日常業務や祭祀の現場任務を担った者、④廟に参拝した者や祭祀に参列した者が挙げられ、各々が孔子廟と孔子祭祀に向けた思考・感情・期待なども研究対象とするに十分に足るのだが[5]、本稿では扱わずにおく。

二、大清帝国時代の孔子廟と孔子祭祀——一六八三年から一八九五年まで

大清帝国は、しばしば史上最後の「中華帝国」と見なされる。より正確には、中華帝国を一要素として包含する多民族集団だったと言うべきだが、ともかくも約二千年来の中華帝国ではこれ一つのみが、台湾にまで版図を広げたのである。大清帝国は一六八三年（永暦三七年／康熙二二年）[6]に東寧王国を攻め滅ぼすと、台湾を福建省の一部として支配領域に編入し、東寧王国の都であった台南に台湾府を置くと共に、その管轄下に三つの県を置いた。こうした体制は、府・県の増設、庁制度の導入や庁の増設などの部分的改変を経ながら、支配末期の一八八五年（光緒一一年）に福建台湾省（単に台湾省と呼ばれる場合もあった）が福建省から分離されるまで続いた。

台湾初の孔子廟は、東寧王国により台南に創建されたものだが、大清帝国は、それがあった場所に改めて孔子廟を建立した。やや踏み込んだ説明をすれば、中華帝国における「廟学一体」の伝統的学制に則り、官立学校としての台湾府学を設立した上で、そこに孔子廟を附属させるという形式を取ったのであり[7]、他の都市に官立学校（府学・県学・庁学）を設けてゆく際にも、併せて孔子廟を建立するのが常とされた。これら一連の孔子廟では、やはり中華帝国の伝統的礼制に従い、為政者による公的行事として、毎年の春（陰暦二月）と秋（陰暦八月）に孔子祭祀が行われた。祭祀儀式の内容は、孔子に三度献酒する「三献礼」を中心に組み立てられ、大清帝国の公用語の一つであった漢語が、儀

式の中での使用言語とされた。ハードウェアとしての孔子廟も、ソフトウェアとしての孔子祭祀も、大清帝国の礼制のうち、地方の孔子廟に関する部分によって規格づけられ、ハードウェア部分、即ち配享対象と従祀対象の顔ぶれ、[8] 建築物の配置や形式なども、またソフトウェア部分、即ち祭祀に用いる礼楽――儀程（儀式次第）・供品・楽舞・衣冠・礼器・楽器などの総称――も、皇帝の命令に応じてアップデートを繰り返した。特に台南孔子廟には、台湾を支配した期間の歴代皇帝全て（康熙帝から光緒帝までの八人）が、自筆の文字に拠るとされる匾額を授与した。[9]

写真一　台南孔子廟の大成殿。

写真二　門には「全台首学」（台湾第一の学府）の文字を掲げる。

写真三　大成殿内に掛かる歴代皇帝の匾額。

中華帝国の礼制を根拠づけた儒教の礼学において、礼（国家的な儀礼から日常的な礼儀まで）の体系は少なくとも理念上、天下の隅々まで同じものが普及せねばならず、その改変に際しては、天下が足並みを揃えて、天子（天の代理人）たる皇帝の決定に従わねばならなかった。他方では、そもそも天子の教化を仰いで礼の体系を受容することが、儒教という「天下に唯一の普遍的文化」を身に付けることと限りなく同一視されていた。[10]こうした点を踏まえて逆の方向から述べ直すならば、中華帝国の歴史上初めて台湾へ上陸した大清帝国にとって、現地に孔子廟の礼楽を移植するというアクションは、新しく版図に入った土地を普遍的文化の世界に組み込むことの象徴として、また天下のうちで彼らの実際に支配する領域が、台湾海峡の東岸にまで達したことの象徴として、重大な意義を有したのである。[11]府学・県学・庁学の学生となり、その資格で孔子廟の祭祀儀式に与った経験を持つ者が増えるにつれて、同時代の皇帝に率いられた天下の一員、普遍的文化の一員というアイデンティティは、おのずから現地住民の一定範囲にも浸透を果たした。

三、大日本帝国時代の孔子廟と孔子祭祀――一八九五年から一九四五年まで

日清戦争後の一八九五年（光緒二一年／明治二八年）、台湾は下関条約に基づいて大日本帝国の所謂「外地」[12]とされ、台南に代わり大清帝国福建台湾省の政治的中心となっていた台北が、引き続き台湾総督府の所在地となった。これに伴い、台湾にあった孔子廟は官営施設の地位と廟学一体の組織を

一斉に喪失し、為政者による孔子祭祀の定期挙行も断絶の時を迎える。のみならず、大日本帝国によ る支配が始まって間もない頃には、廟の設備が病院、文武官員の宿舎、大日本帝国式の教育施設に転用されることや、都市再開発を目的として廟自体が撤去されることも各地で相次いだ。

しかしもう一方、大日本帝国では台湾を支配下に置く直前、即ち明治年間中盤の一八九〇年代から、国家主義的政策を推進するために儒教文化の伝統を再評価するという方針が目立っていた。一八九〇年（明治二三年）の「教育ニ関スル勅語」発布は、これを最も明らかに可視化するような出来事であるし、近代よりも前から日本の地でも営まれていた孔子廟や孔子祭祀に目を向ければ、一九〇七年（明治四〇年）には嘉納治五郎・渋沢栄一・加藤弘之・井上哲次郎らが孔子祭典会を結成し、「本邦神祭ノ儀式ニヨリテ」制作したと称する祭祀儀式[13]を、かつて江戸幕府の昌平坂学問所に附属した湯島聖堂で行うようになった。こうした趨勢は、やがて台湾支配のグランド・デザインや個別の施策にも影響を及ぼしたのであり、台湾総督府や地方行政は一九一六年（大正五年）を概ねの境目として、孔子廟と孔子祭祀に対する積極的関与へ転じてゆく。それは大日本帝国による台湾支配の終わりまで、三〇年間弱にわたって継続したと言えるのだが、為政者がこの期間に示した積極性の具体的なあり方は、更に、

　一九一六年（大正五年）から一九三五年（昭和一〇年）まで

「本島人」（台湾の漢民族）に定着した大清帝国型の孔子祭祀を尊重し、為政者の側から

同化する方向性を打ち出す。また、本島人の組織による孔子廟の自主管理を容認する。

一九三六年（昭和十一年）から一九四五年（昭和二〇年）まで

為政者の持ち込んだ大日本帝国型の孔子祭祀に本島人を同化させるという、それまでとは真逆の方向性を打ち出す。必要に応じて、孔子廟を本島人の組織から接収することも行う。

という二つの段階に細分して、各時期における特徴を把握することができる。

本節では、台南孔子廟と台北孔子廟の事例から二段階の変遷を抽出しよう。台南は大日本帝国時代にも台湾の文化的中心の一つであり続け、なおかつその孔子廟は台湾を代表する孔子廟として、「内地人」の為政者や本島人の住民に存在感を認められていたから、台北の事例と並べて取り上げるに相応しいのである。大日本帝国に属した為政者は台湾支配の当初、孔子廟の設備を転用したり、廟自体を撤去したりすることがあっても、本島人による孔子祭祀の活動まで廃絶させるには至らなかった。台南では孔子廟の諸建築が校舎などに充てられたが、本島人には祭祀活動のために、最重要の殿舎たる大成殿などを引き続き使用することが許されただけでなく、そのための管理組織を結成することすら許可された。それればかりか、台南や台北を初めとする様々な都市で、大清帝国型の孔子祭祀に台南庁長[14]（台南の場合）や総督（台北の場合）がゲスト参加し、上香の礼によって孔子を拝したのだった。

台湾の孔子廟に対する為政者の関与が、以前に比べて格段に積極の度を増したと言えるのは、上述の一九一六年（大正五年）に、台南庁長枝徳二（えだとくじ）の主導下に台南孔子廟の大規模な修復工事が開始された時からである。同時に、直前まで廟の設備を使用していた台南第一公学校（本島人用の初等教育機関）が、他の場所に転出した。工事の企画と実施に際しては、総督府から台南庁へ資金援助があったのみならず、内地人・本島人の双方に向けて募金活動が行われた。また、工事の完成を記念するため、庁長の序文を掲げる書籍『台南聖廟考』（山田孝使（のりよし）著、高畠怡三郎刊——両人共に台南庁庶務課勤務）が一九一八年（大正七年）に作られたのだが、同書の中では、孔子崇拝が「和漢」共通の伝統であること、こうした文化的土壌の上で、孔子廟の修復が「官民一斉」の事業として達成されたこと、中でも許廷光を初めとして、本島人有力者の貢献が多大だったことを特記している。(15)修復工事の後も、台南孔子廟は本島人組織の管理下に留まり、許廷光はその発足時点から数えて約四〇年間、その董事（役員）を務め続けた。為政者は大清帝国型の孔子祭祀に出席することに加え、更に台南孔子廟の修復や、それに関わる公的言説の発出というアクションを介しても、本島人との文化的連続性や同質性を、彼らの側から

写真四　台南孔子廟に継承される大清帝国型の孔子祭祀。三献礼を行う「献官」（中央で後ろ向き）などは中華民国の「国民礼服」を着るが、これを含めて、全員が大清帝国時代に近い服装である。

写真五　台北孔子廟の大成殿。

本島人の伝統に同化する（「和漢」共通の文化に関し、現地における主体性と解釈権を相当程度まで本島人に帰する）方向においてアピールしたのであり、大きく分類すれば懐柔的な姿勢のもとに、孔子廟を台湾支配のための道具に利用しようとしたと言うことができる。

台北では一九二五年（大正一四年）に、台北聖廟建設籌備処と名乗る民間団体が発足し、大日本帝国時代の初めに撤去された台北孔子廟を別の場所で再興することを目指したが、この団体は、後に貴族院勅選議員となる本島人有力者辜顕栄を主理（理事長）としつつ、台北庁長[16]や民政部通信局長を歴任した元官僚井村大吉が顧問を務めたもので、後者を通じて総督府などの意向が反映されていたという推測を棄却できない。一九三一年（昭和六年）に基本部分が落成した新しい孔子廟では、同じ辜顕栄が会長職にあった崇聖会（孔子祭祀を学校の講堂や道教の宮廟などで自主挙行していた）が、その管理業務を担うようになる。同年に行われた大清帝国型の孔子祭祀では、台北州[17]知事平山泰が「主祭官」として三献礼に当たった他、総督太田政弘も上香した。内地人の高官がゲストの立場で上香するに過ぎなかった旧例を超え、祭祀の主宰者として献酒する役割を本島人から移した点は注意に値するものの、為政者側からの懐柔的同化という方向づけに関しては、台南の事例と全く通底していたのである。

しかし、大日本帝国の台湾支配が残り一〇年間を切った一九三六年（昭和一一年）、現地の孔子廟に対する積極的関与のあり方には、明確な転回が生じた。台湾における「皇民化運動」の推進者となった総督小林躋造（せいぞう）が着任したこの年に、台南孔子廟でも台北孔子廟でも、孔子祭祀の使用言語が漢語から、大日本帝国の公用語たる日本語に切り換えられたのである。翌々一九三八年（昭和一三年）には、台南市役所が台南孔子廟を接収する。[18] 大清帝国が台湾から撤退して以来、約四〇年ぶりに官営孔子廟が出現することになったわけだが、総督府の資金援助下で刊行されていた新聞『台湾日日新報』は、折からの皇民化運動（及びその一翼を成した「寺廟整理運動」）に模範を示す「天晴れ（あっぱれ）」な措置として、孔子廟の接収を肯定的に報道した。[19] 接収に際し、台南市尹（しいん）（同市の首長）藤垣敬治を委員長に臨時の祭祀儀式が行われたが、これは、孔子祭典会を継承した斯文会（しぶんかい）が湯島聖堂で採っていた

写真六　湯島聖堂で行われる孔子祭祀。神田神社の神職が奉仕する。

方式に準じ、「神式」と報道された方式に拠って「修祓（しゅ(う)ばつ）、降神、奠饌（てんせん）、祭文（市尹）、祝辞（台南州知事川村直岡（なおおか））、拝礼（市尹・州知事・参列者総代・神職）、撤饌（てっせん）、昇神」の順序で進められた[20]。また、斯文会の制定した「孔子頌徳の歌」が、公学校の生徒と参列者一同により斉唱され、いずれも爾後の定例となった。一九四〇年（昭和一五年）からは、台北孔子廟の孔子祭祀も湯島聖堂の方式に改められ、やはり公学校の生徒によって「孔子頌徳の歌」が唱われるようになった。為政者は本島人の皇民化という方針を固めるに及んで、むしろ孔子廟に現れる自他の文化的断絶性や異質性を問題視し、大日本帝国型の孔子祭祀に本島人を同化させる（「和漢」共通の文化に関し、主体性と解釈権を独占的に行使する）方向において、その解決を求めたわけである。孔子廟を台湾支配のための道具に利用しようとする営みは、大きく分類すれば強権的と言える姿勢のもとで、最終的な高まりに至ったと解釈することができ、彼らはこうした姿勢を、孔子廟を孔子廟という機能のまま、本島人から奪取する形によっても発揮したのだった。

　上記のような方向性の転換を、当時の台湾で突発的に着想されたものとは考え難い。台湾における皇民化運動に僅かに先立つ一九三五年（昭和一〇年）、斯文会は内地及び「中華民国・満洲帝国・朝鮮・台湾等」から「朝野の名士」を集めて、拡大版の孔子祭祀を含む「儒道大会」を開催した[21]。斯文会幹部としてそれに参画した東京帝国大学名誉教授服部宇之吉が、閉幕の直後に発表した文章「儒教の復興——日本研究に与へた影響」を一瞥してみよう。

孔子の教へは、二千年来、東亜の諸民族が、ひとしく信奉して来た処のものであつて、民族の生活は、これによつて基準を与えられ、法律、習慣、文学等ほとんどあらゆる文化の根底になつて来た道徳思想なのである。【中略】東亜の諸国民が相提携して孔子教を顕揚し、その教ふる処に従つて真心より融和することが出来れば、儒教の復興は東洋永遠の平和を確立することになると信ずる。

顧(おも)ふに孔子の教えは、我国において最もよくその特性を発揮されてゐる。【中略】吾人は儒教を研究するに当つて、どこまでも日本人として研究するものである。日本精神に立脚して研究し、発揚しなければならない。事実孔子の教へは、日本精神を通して、最もよく醇化されて来た。(22)

服部の言葉は、果たしてどれほどまで、国家主義に加えて帝国主義が儒教讃美と結び付く場面における、一九三〇年代半ばのコンセンサスを代弁しているのだろうか。この問題に正しく答える能力を筆者は持たないが、ともかくも、「日本精神を通して、最もよく醇化され」た状態の儒教を「東亜の諸民族」に弘めることで、大日本帝国を盟主とする「儒教の復興」は「東洋永遠の平和を確立することになる」というイデオロギーの存在が、外地台湾の孔子廟と孔子祭祀を皇民化運動の脈絡に嵌め込もうとした者たちに、実務面の示唆を与えた可能性は多分に想定されるべきはずである。

四、中華民国時代の孔子廟と孔子祭祀――一九四五年から一九七五年頃まで

大日本帝国が第二次世界大戦における「連合国」に投降すると、五〇年間に及んだ台湾支配は正式の講和条約を待たずに終結し、連合国の一員だった中華民国が大日本帝国と入れ替わりに、一九四五年（昭和二〇年／民国三四年）から台湾を支配するようになった。東アジア大陸部での第二次国共内戦に敗れた一九四九年（民国三八年）からは、台湾が中華民国の支配領域としてほぼ唯一のものになるが、その政府は台北を臨時首都に定め、中国国民党による独裁体制を長年にわたり維持した。如上の経過に伴って、台湾の孔子廟は再度全てが民営となり、祭祀儀式は自然発生的に大清帝国型へ戻されると共に、儀式の使用言語はこれと連動する形で、中華民国の公用語でもある漢語に回帰した。

他方で中華民国は、現地を台湾省として掌握するプロセスの初期から、政権の主力となった「外省人」（大陸領土からの脱出者）と、その支配を被った「本省人」（以前からの台湾住民）の文化的連続性や同質性をアピールするために、孔子廟という場を利用しようとした。具体的には、第一に、孔子廟の所在地を管轄下に置く地方首長（省主席・県長・市長――当時は大多数が外省人）に命じて、祭祀儀式を挙行させた。[23] 第二に、戦災（実は連合国側の空襲）に遭っていた台南孔子廟を修復した。そして第三に、台南と台北の両孔子廟へ、総統蒋中正（蒋介石――もちろん外省人）の自筆文字とされる匾額を授与したのである。[24] 台湾の孔子廟と孔子祭祀に対する中華民国の積極的関与も、大日本帝

国の場合と同じく、まずは台南と台北の二都市が重点になっていたと言える。

約二〇年後の一九六六年（民国五五年）、中華民国は「中華文化復興運動」と題する大規模なプロジェクトを台湾で開始する。これは、建国者孫文の生誕一〇〇周年記念という名目で始められたもので、孔子を「中華文化」の初度の集大成者として、孫文を再度の集大成者として顕彰した上に、臨時移転先の台湾で存続する中華民国政府を、「中華文化」の継承者・保護者として位置づけるというイデオロギーが押し出された。[25] 実際には、中華人民共和国の支配領域に転じていた東アジア大陸部で同年に発動された「無産階級文化大革命」、特にそれが文化伝統の否定と打倒を唱えた点に対抗しようとする意図が濃厚であり、大陸領土を未回収のままの中華民国政府（やがて国際連合の中国代表権や、中国として諸外国との間に結んでいた国交も失われてゆくことになる）は、彼らが「中華文化」と呼んだものを台湾で保持し、復興するというパフォーマンスを介して、自身がなお正統な中国政府であることを台湾内外に主張したわけである。

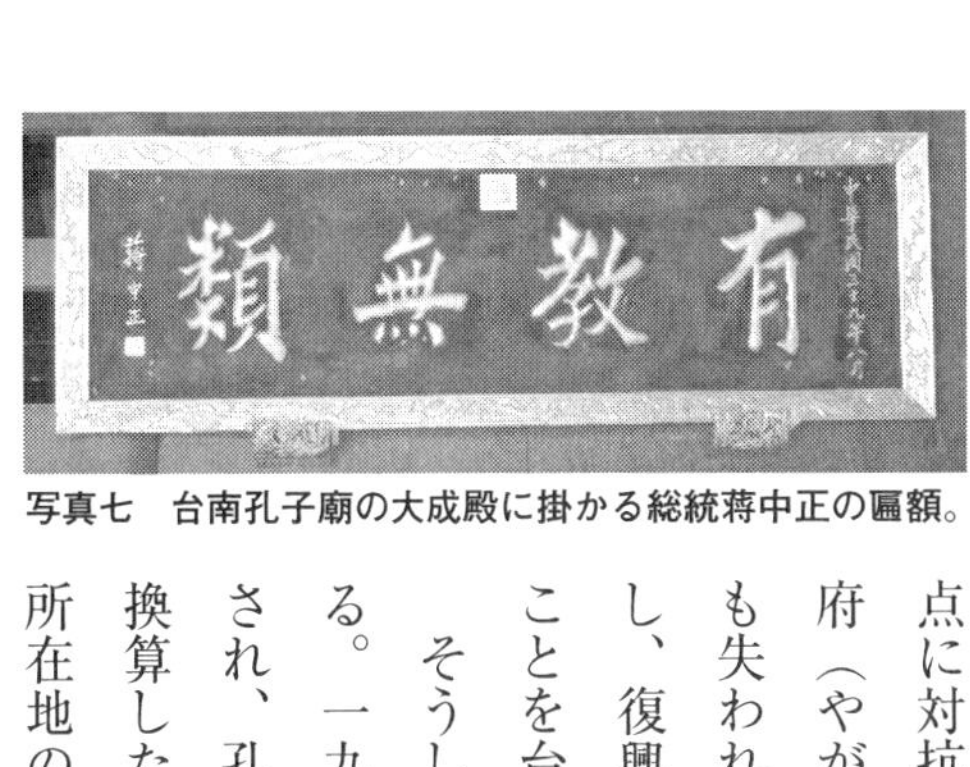

写真七　台南孔子廟の大成殿に掛かる総統蒋中正の匾額。

そうした中で、孔子廟と孔子祭祀に対する為政者の関心は一層の高まりを見せる。一九六八年（民国五七年）には大成至聖先師孔子誕辰紀念弁法が公布・施行され、孔子の誕生日（前五五一年〈周の霊王二一年〉出生説を採った）を陽暦に換算した九月二八日に、総統府では毎年「紀念大会」を行い、方々の孔子廟では所在地の首長が「古礼」に則る祭祀儀式を行うことを、法規上の義務とした。[26] また、政府招集の祭孔礼楽工作委員会が同年から二年間を費やして、「我が国に古くからあった礼楽の基礎を恢復する」ことを目的とし、(27)「周・宋・明・清の文化を融合させた」と称する孔子祭祀の礼楽を制作した。(28)これは、大成至聖先師孔子誕辰紀念弁法に言及された「古礼」の内実を定める作業だったと見なすべきであり、なぜか各地の孔子廟に採用を義務づけるには至らなかったものの、(29)爾後台北など多くの都市の孔子廟で、この新しい礼楽が続々と実践されるようになった。如上の動きと並んで、民間の管理に任されていた各地の孔子廟を接収することや、当時孔子廟のなかった諸地方に、それを創建もしくは再興する事業も進められた。一九四八年（民国三七年）の時点で官営化が成っていた台南孔子廟を除けば、前者の例として台北孔子廟の接収を挙げることができ、後者の例としては桃園孔子廟などの創建や、台中孔子廟などの再興を挙げることができる。

写真八　台北孔子廟で行われる新式の孔子祭祀。「献官」などは中華民国の「国民礼服」、先導する「礼生」は周以来の「深衣」、楽舞を担当する「楽生」と「舞生」は宋明様式の服装。

実は中華文化復興運動には、中華民国政府を正統な中国政府として護持する意図の他に、台湾から日本的色彩や外省人・本省人間の心理的隔絶を除去することにより、現地の一元的な「中国化」を促進するという意図も含まれていた。(30)孔子廟はこの時期、おのずから「中華文化」を象徴する場として再定義されたと言うことができるが、それを台湾各地に隈なく配置した上で、「中華文化」の通時的ヴァラエティを凝縮したような新しい礼楽を、各々の孔子廟に供給したという一連のアクションに関しては、台湾の一元的中国化という対本省人戦略の脈絡においても、外省人の為政者に認められた孔子廟と孔子祭祀の文化的な位置、及び台湾支配の道具としての利用価値を斟酌するべきなのだろう。中華民国が台湾の孔子廟に外省人総統の扁額を掛けさせたことや、中華文化復興運動の中で孔子廟を官営化したり、官費を用いて建立したりしたことには、研究者の視点の置き方に応じ、本省人の伝統に対して懐柔的に向き合う姿勢と、強権的に覆い被さる姿勢の両方を見出し得るかもしれない。だが少なくとも、大清帝国型の孔子祭祀を新式に塗り替えようとした一事に関する限り、当時の為政者は「中華文化」としての孔子祭祀に独占的な主体性と解釈権を行使し、本省人の保存してきた礼楽が十分に「中華的」「中国人的」ではなく、なおかつそれ故に、少なくとも海峡の両岸において普遍的な正しさに欠けるという譴責を、一方的に下したつもりだったのではあるまいか。

外来権力として台湾を支配した大清帝国・大日本帝国・中華民国は、孔子廟と孔子祭祀に対して各者各様に積極的な関与を示したが、そのあり方は次のような共通点を有したと分析することができる。第一に、儒教を伝統的な認識の枠組において尊重するにせよ、「孔子教」や「中華文化」といった近現代的な認識の枠組において評価するにせよ、それを天下の、或いは「和漢」や「東亜」や「両岸」の普遍的文化であると見なし、孔子廟や孔子祭祀に、普遍的文化としての儒教を可視的に表現する役割を期待した。第二に、孔子廟という場や孔子祭祀という機会に即して、自他の間の連続性・同質性をアピールする場合にせよ、自他の間に断絶性・異質性を見出して問題視する場合にせよ、その振舞いは、自らが普遍的文化の保護者もしくは指導者であるという立場に基づいていた。第三に、孔子廟や孔子祭祀への積極的関与を介して、本来は版図や領土の外にあった台湾の住民を支配することの正統性を主張した。そして、上記三点を総合した所に立ち現れるのは、これらの外来権力が各時代における「中華」を自認し、その資格で台湾なる「辺境」に君臨しようとしたという図式に他ならない。

五、おわりに――孔子廟と孔子祭祀の現状と未来

一九七五年（民国六四年）に、蔣中正が総統在任のまま死去すると、中華文化復興運動は実質上の終息に向かった。中華民国の文化政策は、その子である外省人二世の蔣経国（行政院長一九七二年〈民国六一年〉～一九七八年〈民国六七年〉、総統一九七八年〈民国六七年〉～一九八八年〈民国七七年〉）により、本土化（台湾化）へ方向を転換する。ここでいう「本土」は台湾と同義であり、所謂「中国（の）本土」を指す名詞ではない。政治面の民主化が進んで総統の直接選挙が開始され、国民党独裁体制が消失した一九九六年（民国八五年）以後にも、本土化の路線は基本的に一貫しており、本省人が総統となった民主進歩党政権[31]（二〇〇〇年〈民国八九年〉～二〇〇八年〈民国九七年〉、二〇一六年〈民国一〇五年〉～現在）では、とりわけその志向が強いと言える。本土化という概念を、中華文化復興運動と対比して特徴づけるならば、それは一元的な中国化の追求、即ち台湾を「中華文化」一

色に塗り替えようとする姿勢を放棄することである。本土化は単純な反動現象や復讐行動ではなく、故に（しばしばその批判者に貼られるラベルとしての）脱中国化とイコールでないし、人口の約七〇％を占める閩南人（本省人のうち、福建南部にルーツを持つ者）の文化伝統を以て、台湾の文化を多数決的に代表させせようとするわけでもない。本土化志向の文化政策においては、重層的な歴史を辿り、かつ数々のエスニシティが同居する台湾の文化を多元的に捉え、その構成要素を、地域としての中国に由来するものを含めて対等に尊ぶことが求められる。また、中国由来のものなど外来の文化要素については、地元台湾で為された展開を評価することが求められるのである[32]。

そうであるからには、台湾に根を下ろして久しい儒教及び孔子廟・孔子祭祀に対しても、今日改めて「多元的な台湾文化の一つ」という地位が公認されねばならないはずだ。しかし本稿の擱筆時点（二〇二四年二月）における限り、中華民国政府や地方行政のアクションは大局として、孔子祭祀・黄帝祭祀・鄭成功祭祀など「中華」的色彩の濃い儀式への関与を、さしあたり縮小もしくは廃止するという消極的な対応方式に止まっている。儒教にせよ、孔子廟や孔子祭祀にせよ、それらを積極的に脱構築する営みは、今後の課題として先送りされたままと評せざるを得ない。「台湾の文化、或いは一層ローカルな文化としての孔子廟・孔子祭祀」を、為政者主導で育成することは可能なのだろうか。例えば、彼らが孔子廟のアップデートの一環として、台湾に生きた儒者や「新儒家」の論客などを孔子に配享／従祀する日は訪れるのだろうか[33]。或いは孔子祭祀のアップデートの一環として、儀式の場に閩南語や客家語（漢語に含まれるが、中華民国の標準語ではないもの）などを取り入れる日は訪れるのだろうか。[34] 台湾の為政者が認める孔子廟と孔子祭祀の文化的な位置、及び現地支配の道具としての利用価値――その現状と未来――に対し、筆者は観察と分析を続けてゆく所存である。

否、注視を続けるべき動向はそれだけに限られまい。第一節に四種類を挙げた「孔子廟という場に接点を持った主体」は、台湾の歴史を通じて、全人口のごく一部を占めるばかりであったし、そもそも中華帝国の支配下では、孔子廟に立ち入る機会を得られる者からして、為政者や官立学校の学生・関係者などに厳しく限られていた。[35] 筆者が第二節で、台湾に孔子廟を建て、孔子祭祀を持ち込むことに大清帝国自身の認めた意義が、やがて現地住民の「一定範囲」に浸透を遂げたという書き方をしたのは、こうした点に意を留めたからである。台湾を支配する者たちが、孔子廟や孔子祭祀を何らかの「アピール」に用いてきたと叙述する際には、そのアピールが現地住民の**どの範囲に**まで伝わるものだったかという問題を、無視して済ませるわけにゆかない。台湾の民間信仰では遅くとも中華文化復興運動の始まる前から、孔子を学業成就や試験合格の神として崇めることが行われ、孔子祭祀の後には「智慧毛（ちえもう）」（供えられた牛の、特に頭部の毛）や、それに代わる縁起物を求めて長蛇の列が出来るほどになったのだが、あくまで一時的な賑わいであって、平時の孔子廟は今なお、媽祖（まそ）や関帝（関羽）などの廟とは比較にならないほど閑散としている。[36] なおかつ、人々が孔子廟と孔子祭祀に向けるこのような関心は、あくまで各自のプライヴェートな信仰世界に立脚するものに過ぎない。仮に台湾の為政者が、孔子廟と孔子祭祀に対する関与のあり方を再びはっきりと更改する日がやって来たとして、彼らが言葉や行動によって発信する為政者側の理想は今度こそ、広く支配下の住民と共有される見通しを持ち得るだろうか。

1 釈奠とは儒教における祭祀の一形式であり、孔子祭祀のみを指すわけではない。また、孔子祭祀の全てが釈奠の形式に該当したり、釈奠と呼ばれたりするわけでもない。

2 本稿ではこれらを、台湾支配当時の国号で呼ぶことにする。大清帝国が名乗った国号は、満洲語の「ダイチン・グルン」を含めて複数あったが、本稿では便宜的に、その台湾支配を終わらせた下関条約（漢語版）に見えるものを用いる。また、それぞれの国家が台湾を支配したという史実のみを受け入れ、支配形態の如何や正統性の有無については問わずにおく。

3 便宜的に、黄得時『台湾的孔廟』（台中：台湾省政府新聞処、一九八一）六五〜一一九頁の数え方に従う。約四〇という数値の中には、純然たる儒教施設とは見なし難いもの（道教の宮廟として政府に登録された施設に、孔子を主神として祀るものなど）が含まれている。

4 以下、台湾の孔子廟・孔子祭祀に関して本稿で言及する史実の詳細や、それらを把握するための資料については、拙著「孔子廟の礼楽に投影される「中華」と「本土」――台北市孔廟の弘道祠入祀典礼と春季祭孔をめぐって」（鈴木正崇編『東アジアにおける宗教文化の再構築』、東京：風響社、二〇一〇）、「孔子の祭りに牛・山羊・豚は不要か？――中華文化復興運動期の台湾における「礼楽改革」の一斑」（伊東貴之編『「心身／身心」と環境の哲学――東アジアの伝統思想を媒介に考える』、東京：汲古書院、二〇一六）、「台湾における「孔子廟と日本」の百二十年――統治者たちの視線をたどって」（『宗教学論集』三七輯、東京：駒沢宗教学研究会、二〇一八）を、主にご参照下されば幸いである。

5 前注に挙げた拙著「孔子の祭りに牛・山羊・豚は不要か？」は、知識人のそれに関するケースワークである。

6 前者が東寧王国の、後者が大清帝国の年号である。以下、台湾を支配する外来権力が交替した年については、両者の年号を併記する。

7　東寧王国による台南孔子廟の創建も、官立学校を設立する事業と一体であったことを附記しておく。

8　孔子廟には、孔子の弟子や後世の儒者なども祀られ、彼らの待遇は配享と従祀の二等級に分かれる。

9　大清帝国皇帝の扁額は、他に彰化孔子廟にも現存する。

10　土田健次郎『儒教入門』（東京：東京大学出版会、二〇一一）一二六頁、一六二～一六三頁、小島毅『東アジアの儒教と礼』（東京：山川出版社、世界史リブレット、二〇〇四）一～二頁、など。

11　鄭成功及び東寧王国は明朝中国の再興を唱え続けたが、現実にはむしろ、独立勢力の維持を優先していたのではないかという指摘がある（豊岡康史「海と草原の明清交替――鄭氏台湾と康熙帝」〈三浦徹ほか『アジア人物史第七巻　近世の帝国の繁栄とヨーロッパ』、東京：集英社、二〇二二〉五五六～五六〇頁）。それでは、東寧王国は台湾へ孔子廟を導入することに、一体どのような文化的意義を認めたのだろうか。彼らの認めた文化的意義には、どの程度まで「中華帝国による台湾支配」という性格が含まれていたのだろうか。こうした問題については、今後の解明を待ちたい。

12　大日本帝国の外地に関して、法規上の定義は未成立のまま終わった。但し、共通法（一九一八年〈大正七年〉公布、一部施行）の第一条では、国内の「地域」が「内地」と「朝鮮、台湾又ハ関東州」に分けられた。

13　「孔子祭典会報告」（『孔子祭典会々報』一号、東京：孔子祭典会、一九〇七）五頁。

14　台南庁は、一九〇一年（明治三四年）～一九二〇年（大正九年）に存在した地方行政区画。

15　山田孝使『台南聖廟考』（台南：高畠怡三郎、一九一八）一～二頁、二八～二九頁、七二～七三頁。

16　台北庁は台南庁と同じく、一九〇一年（明治三四年）～一九二〇年（大正九年）に存在した地方行政区画。

17　一九二〇年（大正九年）に台北庁が廃止され、後身として台北州が設けられた。これは、大日本帝国時代の終わりまで存続した。

18　一九二〇年（大正九年）に台南庁が廃止され、後身として台南州が設けられた。台南市はそこに属し、台南州と共に大日本帝国時代の終わりまで存続した。

19　「全台首学の孔子廟　台南市に移管さる――祭典も面目を一新し　天晴れ、率先寺廟整理に示範」（『台湾日日新報』一九三八年一二月一六日）五頁。

20 「孔子廟初祭典――台南市尹委員長に　二十七日神式厳修」（『台湾日日新報』一九三八年一二月二四日）五頁、「初の孔子祭――市尹を委員長にし　きのふ盛大に挙行」（同一九三八年一二月二八日）五頁。
21 福島甲子三編『湯島聖堂復興記念　儒道大会誌』（東京：斯文会、一九三六）一〇六～一一一頁。
22 服部宇之吉「儒教の復興――日本研究に与へた影響」（『報知新聞』一九三五年五月六日～七日、神戸大学附属図書館「新聞記事文庫」〈https://da.lib.kobe-u.ac.jp/da/np/〉、二〇二四年二月三日最終閲覧）。
23 台湾省主席による孔子祭祀は、台南などの孔子廟を巡回して行われた。
24 その後も、蔣中正から現任の蔡英文まで中華民国の歴代総統全てが、台湾各地の孔子廟に扁額を授与している（各総統から、あらゆる孔子廟に与えたわけではない）。なお、大日本帝国の天皇や総督から、台湾の孔子廟に扁額を授与することは皆無だった。
25 この点は、中華文化復興運動の趣意宣言という性格を帯びる蔣中正「中山楼中華文化堂落成紀念文」（一九六六〈「中山楼文化堂落成紀念文」と題して秦孝儀主編『先総統蔣公思想言論総集』三五巻に収録、台北：中国国民党中央委員会党史委員会、一九八四〉）に明記されている。
26 陽暦九月の孔子祭祀には、時季の面から見て、陰暦八月の祭祀（孔子の誕生日を祝ったものではない）を継承するという意義もあったと言える。他方、陰暦二月やそれに近い時季の祭祀は、大成至聖先師孔子誕辰紀念弁法に言及されることがなかった。
27 祭孔礼楽工作委員会編『祭孔礼楽之改進』（台北：祭孔礼楽工作委員会、一九七〇）二頁に引用された蔣中正の「手諭」（自筆による指示）。
28 「至聖先師釈奠典礼　北市昨日挙行預習――明朝楽舞与宋明服装滙於一堂　省垣定今下午挙行預習」（『聯合報』一九六八年九月二七日）二頁。
29 例えば、台南孔子廟では大清帝国型の礼楽を保持して現在に至る。
30 菅野敦志『台湾の国家と文化――「脱日本化」・「中国化」・「本土化」』（東京：勁草書房、二〇一一）二三一～二三二頁。
31 これに先立ち、国民党籍の李登輝が最初の本省人総統となり（一九八八年〈民国七七年〉～二〇〇〇年〈民国八九年〉)、政治面の民主化と文化面の本土化を上から推進していた。
32 これは、筆者自身の解釈に基づくまとめである。中華民国もしくはその為政者が本土化を詳細に定義した文言を、筆者は知らない。
33 伝統的に、孔子廟の従祀対象は皇帝の決定に従って天下一律に増減される建前であった。なおかつ、従祀対象には朱熹(朱子)や王守仁(王陽明)など、天下規模の功績を残したとされる儒教的偉人のみが選ばれてきた。個々の孔子廟が地元に関連する故人を顕彰することも認められたが、廟内の辺縁部分に専用の祠を設けるという扱いに止められた。例えば、台南孔子廟では大成門の外側に名宦祠(めいかんし)・郷賢祠・孝子祠・節孝祠が並んでいる。
34 中華民国は一九八〇年代まで、閩南語を含めた「方言」を圧迫や禁止の対象としていたが、台北市管轄下の台北孔子廟では二〇〇八年(民国九七年)から「春祭」を定期挙行するようになり、そこでは古典漢語で書かれた祝文(孔子への願文)が、閩南語の発音で吟唱された。しかし、春祭は法規上の規定がない自主行事であり、このような変化が生じたことの意義について、毎年九月二八日の孔子祭祀と同列に論じることは難しい。また、その実施は二〇一五年(民国一〇四年)を最後に途絶えている。
35 黄進興(中純夫訳)『孔子廟と儒教——学術と信仰』(東京:東方書店、二〇二〇)三九三~三九四頁、など。
36 黄進興(中純夫訳)前掲『孔子廟と儒教』三九四~三九七頁、など。

参考文献

【日本語】

「孔子祭典会報告」(『孔子祭典会々報』一号、東京:孔子祭典会、一九〇七)
「孔子廟初祭典——台南市尹委員長に　二十七日神式厳修」(『台湾日日新報』一九三八年十二月二四日)、「初の孔子祭——市尹を委員長にし　きのふ盛大に挙行」(同一九三八年十二月二八日)
「全台首学の孔子廟　台南市に移管さる——祭典も面目を一新し　天晴れ、率先寺廟整理に示範」(『台湾日日新報』一九三八年一二月一六日)

菅野敦志『台湾の国家と文化――「脱日本化」・「中国化」・「本土化」』（東京：勁草書房、二〇一一）
小島毅『東アジアの儒教と礼』（東京：山川出版社、世界史リブレット、二〇〇四）
黄進興（中純夫訳）『孔子廟と儒教――学術と信仰』（東京：東方書店、二〇二〇）
土田健次郎『儒教入門』（東京：東京大学出版会、二〇一一）
服部宇之吉「儒教の復興――日本研究に与へた影響」（『報知新聞』一九三五年五月六日～七日、神戸大学附属図書館「新聞記事文庫」〈https://da.lib.kobe-u.ac.jp/da/np/〉、二〇二四年二月三日最終閲覧）
福島甲子三編『湯島聖堂復興記念儒道大会誌』（東京：斯文会、一九三六）
水口拓寿「孔子廟の礼楽に投影される「中華」と「本土」――台北市孔廟の弘道祠入祀典礼と春季祭孔をめぐって」（鈴木正崇編『東アジアにおける宗教文化の再構築』、東京：風響社、二〇一〇）
水口拓寿「孔子の祭りに牛・山羊・豚は不要か？――中華文化復興運動期の台湾における「礼楽改革」の一斑」（伊東貴之編『「心身／身心」と環境の哲学――東アジアの伝統思想を媒介に考える』、東京：汲古書院、二〇一六）
水口拓寿「台湾における「孔子廟と日本」の百二十年――統治者たちの視線をたどって」（『宗教学論集』三七輯、東京：駒沢宗教学研究会、二〇一八）
山田孝使『台南聖廟考』（台南：高畠怡三郎、一九一八）

【漢語】
「至聖先師釈奠典礼　北市昨日挙行預習――明朝楽舞与宋明服装溶匯於一堂　省垣定今下午挙行預習」（『聯合報』一九六八年九月二七日）
黄得時『台湾的孔廟』（台中：台湾省政府新聞処、一九八一）
祭孔礼楽工作委員会編『祭孔礼楽之改進』、台北：祭孔礼楽工作委員会、一九七〇）
蔣中正「中山楼中華文化堂落成紀念文」（一九六六〈「中山楼文化堂落成紀念文」と題して秦孝儀主編『先総統蔣公思想言論総集』三五巻に収録、台北：中国国民党中央委員会党史委員会、一九八四〉）

朝鮮時代における文廟釈奠の争点とその特徴*

金　賢　寿
（朴　暎美　訳）

一、緒論

文廟釈奠は、文廟で孔子の学徳を称え、その教えに従うために行われた儀礼である。文廟とは文宣王廟であり、文宣王は孔子の諡号である。開元二十七年（七三九）、唐の玄宗は、最初孔子の号を文宣王に改め、顔子を兗公、孔門九哲を侯、曽参を始め弟子七十二人を伯として追諡した。唐代以降、学校と文廟は益々密接な関係になり、次第に文廟釈奠はさらに盛んになった。朝鮮は儒教を理念とした国家である。したがって、孔子を含め儒学の聖賢である人物を祭る釈奠は、朝鮮開国時期から主要な国家儀礼として認識され、充実した形式内容で行われ、時間の経過とともに次第に中国とは異なる様子を帯びて行った(1)。

本稿では、朝鮮時代の文廟釈奠の特徴を三つの側面から考察しよう。第一に、孔子の諡号に関することである。孔子を王として追尊し、諡号を文宣王（或いは大成至聖文宣王）というのが正しいのかという問題に関することである。最初、孔子を王に追尊して「文宣王」としたのは、唐・開元年間の出来事である。その後、宋の真宗は、大中祥符元年（一〇〇八）に「玄聖文宣王」に改め、かつ大中祥符五年（一〇一二）に「至聖文宣王」とした。元の成宗は、大徳十一年（一三〇七）に「大聖至聖文宣王」とした。ところが明の世宗は、嘉靖九年（一五三〇）に孔子を王に封じることを廃し、孔子の諡号を「至聖先師」に変えた。このような明の決定は、朝鮮に影響を与え、朝鮮も「大成至聖文宣王」という孔子の諡号を改正すべきだという声が唱え続けられ、大変な議論になった。

第二に、文廟に祭られた韓国の十八賢に関することである。高麗および朝鮮は、孔子及び中国聖賢だけを文廟に祀ったのではなく、統一新羅・高麗・朝鮮の先賢たちも文廟に従祀した。本稿は、このように朝鮮時代の文廟従祀が成し遂げられる経過を明らかにする。特に、朝鮮時代の儒学は性理学を中心に発展したため、それが文廟従祀の構成にも大きな影響を与えたと考えられる。

第三に、朝鮮の文廟に祭られた中国先賢の選定の基準に関することである。ここにも、性理学の影響が想定できる。このことは、明の陽明学と清の考証学が発達した中国とは、大きく異なる点である。

本稿では以上の論点を中心に、朝鮮時代の文廟釈奠の争点とその特徴を考察しよう。

二、朝鮮における文廟釈奠の形成と展開

朝鮮は、開国時期から文廟釈奠を重視した。太祖（李成桂）は、一三九二年七月十七日に即位し、同年八月八日に文廟釈奠の挙行を命じた。(「命芸文春秋館大学士閔霽、釈奠于文廟。」)[(2)]

定宗は即位の年（一三九九）、文廟で顔子・孟子に曽子・子思を加えた。[(3)]ところが、定宗二年（一四〇〇）に火災で文廟が焼失した。太宗は、七年（一四〇七）に文廟を重建し、左議政である河崙により曽子・子思の配位が奏請され、漸く顔子・曽子・子思・孟子の四人が配位された。[(4)]このことは、『高麗史』「礼志・文宣王廟」に顔子だけを配位したことと相違する点である。[(5)]

朝鮮に於いて文廟釈奠が定立される時期は、ほぼ太宗十年（一四一〇）から成宗五年（一四七四）に『国朝五礼儀』が完成された間といえる。一四一〇年に太宗は儀礼定所を設置し、国家儀礼を整備し始めた。この時期、許稠（一三六九～一四三九）らによって「五礼」の吉礼・序例の部分が作られた。太宗十一年（一四一一）四月に明へ使臣として行った許稠は、闕里で挙行された釈奠儀を見て、帰国して明と朝鮮の差異点に言及し、その改正を建議した。[(6)]そのため、太宗は同年十一月、明へ使臣を送って諮問した。[(7)]明の永楽帝は、「永楽十年三月初二日、本部官於奉天門、題奏奉聖旨、只従他本俗。恁礼部行文書去、着他知道。」と答え、朝鮮の要求を拒否した。[(8)]

明から文廟釈奠に関する文献・資料が手に入らず、太宗は、十三年（一四一三）、高麗の『詳定古

今礼』、宋の「朱文公釈奠儀」、明の『洪武礼制』に、明の礼制の一部を参考にして、釈奠の儀礼を備えた。一四一三年には、礼制の規模（文廟釈奠：中祀）を定め、一四一四年には①王世子釈奠儀、②有司釈奠儀、③州県釈奠儀を頒布した。[9] 従来、高麗（『高麗史』「礼志」）では、ただ①視学酌献儀、②有司釈奠儀、③諸州県文宣王廟釈奠儀によって構成され、王世子釈奠儀はなかった。[10] 以後、引き続き文廟釈奠は修正・補完された。

世宗は、鄭陟・卞孝文に「五礼」の中、凶礼・軍礼・賓礼・嘉礼を整理することを命じ、「五礼」の草稿を完成させたが、これを検討するいとまなく他界した。この「五礼」は、文宗元年（一四五一）に編纂された。端宗二年（一四五四）になると、この本は『世宗実録』の附録になった。[11]「五礼」の文廟釈奠の儀礼は、①視学酌献文宣王儀、②王世子釈奠文宣王儀、③有司釈奠文宣王儀、④州県釈奠文宣王儀によって構成されている。[12]

成宗は、姜希孟、鄭陟に「五礼」を修正・補完させ、朝鮮時代の国家礼制の典範である『国朝五礼儀』（一四七四）を完成させた。[13] この頃、文廟釈奠の廟学儀礼は更に①享文宣王視学儀、②酌献文宣王視学儀、③王世子酌献文宣王入学儀、④王世子釈奠文宣王儀、⑤有司釈奠文宣王儀、⑥文宣王朔望奠儀、⑦文宣王先告事由及移還安祭儀、⑧州県釈奠文宣王儀、⑨州県文宣王先告事由及移還安祭儀と、拡大された。

『国朝五礼儀』における文廟釈奠の儀礼節次は、高麗に比べて見ると変わったところが多い。（表-1参照）一番目立つのは、飲福受胙の順序である。高麗は『高麗史』「礼志・有事釈奠儀」によると、初献が終わってから初献飲福受胙があり、続いて亜献・終献があり、これとは別に飲福がある。朝鮮は、『国朝五礼儀』「有司釈奠文宣王儀」によると、初献から終献までが全部終わった後、飲福受胙がある。

高麗の文廟釈奠の特徴は、唐の影響があったと言える。『通典』開元礼には、初献の次、初献飲福受胙があり、亜献・終献があり、飲福がある。(14) ところが、宋・元・明は、初献から終献までの儀礼が全て終わってから飲福受胙がある。(15) 以上の点で、朝鮮時代の文廟釈奠は宋・元・明を参考にしたと言える。

〈表-1〉『高麗史』「礼志・有司釈奠儀」と『国朝五礼儀』「有司釈奠文宣王儀」の儀礼節次

『高麗史』有司釈奠儀	『国朝五礼儀』 有司釈奠文宣王儀
［時日］	［時日］
［齋戒］	［齋戒］
［陳設］	［陳設］
	［傳香祝］
［省牲器］	［省牲器］
【饋享)】	【行礼】
［迎神］	［迎神］
［奠幣］	［奠幣］三上香奠幣礼
［進饌］	［初献］［讀祝］
［初献］［讀祝］、［初献飲福受胙］、［分献］（以下亜献・終献同一）	
［亜献］［亜献飲福］	［亜献］
［終献］［終献飲福］	
賜胙	［終献］［分献］
	［飲福受胙］
［送神］	［徹籩豆］
［望瘞］［礼畢］	［送神］
	［望瘞］［礼畢］

二番目は、傳香祝と三上香の節次である。『国朝五礼儀』「司釈奠文宣王儀」には、傳香祝・三上香があるが、『高麗史』「礼志・有司釈奠儀」には、傳香祝・三上香がない。三上香というのは元朝がはじめたことで、高麗はこれを採用しなかった。ちなみに『世宗実録』「五礼」の「有司釈奠文宣王儀」には、三上香があるが、傳香祝がない。[16]この以外は、大体『国朝五礼儀』と同一である。

英祖と正祖は、いわゆる「蕩平政治」を施し、儒教政治の復興を成し遂げた。国家制度、即ち法典と礼制が再整備された時代と言える。『国朝五礼儀』は編纂から二〇〇~三〇〇余年を経て、変化した朝鮮社会に合わないことがあった。それ故、『国朝五礼儀』の修正・補完が行なわれたのである。英祖は在位二十年（一七四四）、朝鮮社会の必要に応え、『国朝続五礼儀』（五巻四冊）を編纂し、新しい礼制を設けた。ただし文廟釈奠の儀礼節次は、ほぼ『国朝五礼儀』と同じだが、享祀の対象と位次だけが変更された。

高宗は在位三十四年（一八九七）、大韓帝国を建国し、『大韓礼典』（一八九八）を編纂した。[17]国家の礼制は、帝国の礼制に向けて変わっているが、文廟釈奠は、『国朝五礼儀』と同様である。皇帝国礼に従って、楽器（軒架→宮架）、参与者（王世子→皇太子）及び所属人員（典設司→主殿司）だけが違っている。[18]

三、孔子の封爵と諡号に関する議論

明の世宗は、嘉靖九年（一五三〇）、孔子を王として封爵してきたことを廃棄し、諡号を「至聖先師」へ変更した。これは元代の「大成至聖文宣王」を否定したことを意味する。加えて、曲阜の孔子塑像以外、国子監を含めて全ての塑像を木主に変えるという詔勅を下した。当時祭られた聖賢の封爵も捨てられた。四配は「某聖某子」と名乗り、十哲以下の弟子は「先賢某子」、左丘明以下は「先儒某子」と称した。

宣祖在位七年（一五七四）、中国への使臣となった趙憲（一五四四～一五九二）は、「質正官回還後先上八條疏」を奉り、孔子の諡号を改正することを奏請した。

臣謹按文宣王之所以改称孔子者、蓋以漢平帝時、王莽騁其奸謀、謬称為褒成宣尼公、唐之玄宗始諡為文宣王、顔子以下、秩称公侯伯。其封公封王者、於夫子所謂君君臣臣父父子子之道、則一切悖亂、而佯尊聖人、以欺天下。曽謂責家臣之詐、而易大夫之簀者、其肯安饗斯名于一刻乎。況自称皇帝、而以其所以封其臣子者、強加以王、尤非所以尊聖人。臣竊見嘉靖中、改題文宣王之号、為至聖先師孔子之位、顔子以下、倶改去爵名、故廟額、不曰大成殿、而曰先聖廟、一洗千載之誤、而我朝久猶襲陋。恐当議改者也。(19)

趙憲は、正名思想に従って孔子の諡号を「至聖先師」に改め、顔子を始め聖賢の爵謚もなくすことを請うた。それに対して、宣祖は応えなかったようだ。宣祖は在位三十一年（一五九八）、明の使臣である経理が大成殿を参拝した。その時、経理は孔子の位牌に文宣王と書かれていることを見て疑問を呈した。これをきっかけとして、朝鮮の朝廷では孔子の諡号に関して各々の主張があり議論が盛んになった。[20] しかしながら、宣祖は孔子の諡号の問題について留保する態度を取った。[21]

再び孔子の諡号に関して改正を提起した人は、李廷亀（一五六四～一六三五）である。李は、光海君二年（一六一〇）と仁祖四年（一六二四）に孔子の諡号を「至聖先師」とするべきだという意見を述べている。次は、李が一六一〇年に提出した「文廟祀典釐正啓本（庚戌五月）」である。

且天朝則称孔子以至聖先師、称四配以復聖顔、宗聖会子、述聖子思子、亜聖孟子、十哲及門弟子、皆称先賢某子、左丘明以下、皆称先儒某子、而我国則皆用謚号與封爵。臣等據此参詳、天生大聖、為萬世道徳之宗主、称天以誄之、猶恐未足以形容其大。況區區一字之謚、一名之号、豈可以為夫子軽重而盡聖人之大徳乎。夫子之謚、代各増損、至唐開元、始封為文宣王、至於胡元、加以大成二字。夫天生下民、作之君作之師、二帝三王、盡君師之任者也、孔子則不得君而為師者也。師也者、君之所不得而臣者也。今以無実之爵、加於身上、必非聖人之意也。況宣之為謚、則不過一行之偏而、成者、楽之一終、孟子之譬諭孔聖、乃假設之辞、非真実之徳。丘濬以為孔聖在天之霊、必不肯受其諡、豈不然乎。今称為至聖先師、其号始大而其尊無比、誠可謂度越前代也。称聖称賢称儒、並依皇朝定制為当。(22)

李廷亀は孔子の諡号を中国のように「至聖先師」に改正しなければならないとし、更に、顔子以下は爵位を捨ててすべてを「先賢某子」と改称しようとした。李は、堯・舜・文王・武王が王と師匠の役割を果たしたのに比べ、孔子は王になれず、師匠になっただけの人物なので、孔子が唱えた正名思想に抵触する、孔子の思想に立脚して名を付けるべきだと言った。

光海君二年（一六一〇）当時は、朝鮮五賢の従祀（金宏弼・鄭汝昌・趙光祖・李彦迪・李滉を文廟に従祀すること）をめぐる議論が活発になっていた。李廷亀は、この時に五賢従祀の問題だけでなく、孔子の諡号、封爵及び中国先賢の従祀陞黜についても持論を展開している。ところが、当時の主な争点は五賢従祀に関することで、孔子の諡号をめぐる議論はこれ以上進まなかった。

再び、仁祖四年（一六二四）閏六月二十四日に、礼曹から孔子の諡号の改正に関する啓が提出された。

礼曹啓曰、…且大成至聖文宣王之号、本国諸儒、亦多論其未妥。孔子之謚、代各増損、至唐開元、始封為文宣王、胡元加以大聖二字。夫天生大聖、為萬世道徳之宗主、一字之謚、一名之爵、豈可以形容夫子之大乎。天朝之称為至聖先師、其号甚大、其尊無比。位号及升黜、並

> 依皇朝定制、似為宜当。…此事臣曹於庚戌年間、亦嘗議定入啓、而以徐議施行為教而寝之。今当文教重興之日、敢陳區區所懐、請令大臣商確定奪。(23)

当時、李廷亀は礼曹判書であり、孔子の封爵・謚号の改正についての奏請を指揮したと言える。この意見に対して、当時左議政である尹昉（一五六三～一六四〇）は、礼曹から提出された文章が精密であり、改正することが妥当であると主張した。(24) しかし、右議政である申欽（一五六六～一六二八）は「至聖先師」として改正する案に反対した。

> 右議政申欽以為、孔子祀典、蓋起於漢高太牢之後、歴代継以尊崇。漢明以前、称以先師、隋、唐以來、漸加封典、開元之際、称文宣王、而大成至聖之号、則隨世漸增。經濂、洛、關、閩諸大儒、未聞以文宣王之称為未妥者。…而嘉靖年間、張孚敬建白、称以先師、遂為時王之定制。我国則乃藩邦也、所当一遵時王之制、而但今文廟祀典、楽用王者之楽、若改以先師、則不可仍用王者之楽。神不享非礼、所当先講此節目、以定祭礼然後、方可議其称号也。且京中文廟、若改王号、則八路州府郡県鄕校、当一時修正、挙措甚大、不可草草講定。中国文廟改称先師之後、祭祀楽舞、仍用王者之楽、或更定與否、先為聞見処置、恐或宜当。(25)

申欽は、「文宣王」という名称に関して、宋代性理学者たちが異論を提起しなかったことを指摘した。

一方、「至聖先師」に改変すると、文廟祭の礼楽において問題が生じる。そして漢陽の文廟だけでなく、地方の郷校も孔子とこれに配享・従享した一〇〇人余りの既往の位版を一度にすべて撤去し、その代わり新な位版を作らなければならないという現実的な理由を挙げて困難を表明した。

仁祖は、「予意、已於右相劄答、盡言之矣。」[26]と応え、右相である申欽の主張を受け入れた。結局、いわゆる「大成至聖文宣王」という孔子の諡号はそのまま用いられ続けた。その後、高宗三十九年（一九〇二）になると、ふたたび孔子の諡号の改正を要請する主張が台頭した。[27]

朝鮮において孔子を王である「大成至聖文宣王」と諡号したことは、次のような理由があるからである。それを廃止した際、文廟祭礼楽をめぐる儀礼を新たに定立しなければならない礼学的困難があったことが一つの理由である。そして文廟と郷校を同時に変えることの政治的・経済的困難もまたその一つの理由である。このことによって、急には変更できなかったと言える。さらに、諡号改正に退渓学派や栗谷学派が積極的に乗らなかったこともその理由の一つである。朝鮮の朱子学者は、朱子や宋代先賢が孔子の諡号について議論しなかった点にも注目したようである。[28]

四、朝鮮の先賢の文廟従祀

朝鮮時代、文廟に従祀され始めた儒学者は、ほぼ性理学者である。その理由は、朝鮮が性理学を重視したからである。詳しく見ると、五賢従祀以降、士林派から栗谷学派へ移ったことが分かる。これに比べ、明・清に従祀された人は、陽明学者及び考証学者が多い。陸九淵、王守仁、羅欽順、蔡清、王夫之、黄宗羲、陸隴其、顧炎武などがいる。このような状況は、当時の明・清の学問的な傾向を反映したものだと言える。

朝鮮が建国して、最初に文廟に従祀された人物は、高麗末期の儒者である鄭夢周（一三三七～一三九二）である。そもそも世宗元年（一四一九）九月に權近、[29]世宗十五年（一四三三）二月に李齊賢、李穡、權近、[30]世祖二年（一四五六）に雙冀、崔沖、李齊賢、鄭夢周、權近の文廟従祀が奏請された。[31]しかしながら、この時は全て受け入れられなかった。

中宗五年（一五〇一）、正言である李膂は、「前朝鄭夢周、人皆謂東方理学之宗。東方喪礼久廢矣。夢周始加考定。如崔致遠、薛聰、安裕、亦皆配享文廟、以夢周依致遠等例、従祀廟廷、則足以興起人材。」と奏請した。[32]これに対して同年十二月、三公は鄭夢周が忠孝として見事であり理学に貢献があるとは言え、文廟従祀する程ではないという否定的な認識を示した。[33]以降、絶えず鄭夢周の文廟従祀を求める声が高かったため、遂に中宗十二年（一五一七）九月、鄭夢周の文廟従祀が行われた。[34]鄭夢周のことにより、次第に道学を継承した朝鮮の儒者が文廟に従祀されるようになった。特に、中宗時代になって相次いで道学者の文廟従祀が奏請された背景は、趙光祖（一四八二～一五一九）をはじめとするいわゆる新進士が擡頭してきたことがある。趙光祖は朝鮮道学の泰斗として評価される人物である。趙は十七歳で金宏弼（一四五四～一五〇四）のもとで学び始め、三十四歳にして成均館儒生や安瑭らの推薦によって官職に就き、そして謁聖試に及第した。趙は中宗に信任され、中宗十三年

（一五一八）十一月に大司憲に昇進した。趙は至治主義と道学政治の実現を追求したと言える。

宣祖七年（一五七四）に、趙憲は金宏弼、趙光祖、李彦迪、李滉の文廟従祀を要請した。宣祖の後継者となったた光海君が即位し、したがって士林派は五賢従祀運動を展開した。光海君は在位二年（一六一〇）九月、金宏弼、鄭汝昌（一四五〇〜一五〇四）、趙光祖、李彦迪（一四九一〜一五五三）、李滉（一五〇一〜一五七〇）を文廟に奉祀することを命じた。

> 洪惟祖宗煕洽之辰、允屬文明振作之運、有若金、鄭、趙、李五臣者出、真得濂、洛、關、閩諸子之傳、格、致、誠、正之功、其揆一也、…茲於本年九月初四日、以贈議政府右議政文敬公金宏弼、贈議政府右議政文献公鄭汝昌、贈議政府領議政文正公趙光祖、贈議政府領議政文元公李彦迪、贈議政府領議政文純公李滉等五賢臣、従祀于文廟東西廡。(35)

朝鮮の五賢が文廟に従祀された後、続いて李珥（一五三六〜一五八四）とその栗谷学派の大家である成渾（一五三五〜一五九八）が文廟に配祀されることについての議論があった。仁祖十三年（一六三五）五月、成均館の儒生である宋時瑩などの二七〇余名は以下の上疏を提出した。

> 館学儒生宋時瑩等二百七十餘人上疏曰、…其在我東、於羅則有若崔致遠、薛聰、於麗則有若安裕、鄭夢周、於本朝則有若金宏弼、鄭汝昌、趙光祖、李彦迪、李滉等五臣者、皆其人也。

当明、宣之際、継李滉而為儒林所宗者、有二人焉、文成公臣李珥、文簡公臣成渾是已。…夫二臣者之於斯道也、其功其徳、有如是者、而崇報之典、尚今寥寥、此誠臣等之罪、抑恐為盛世之欠事也。方今聖化維新、萬物咸覩。此誠鼓舞士風、培植道脈之一大機会也。臣等茲敢冒死上請。(36)

この上疏に、仁祖は「文成公李珥、文簡公成渾、雖曰善人、道徳未高、疵累有謗、莫重従祀之典、決不可軽議矣。(37)」と答えた。以降、栗谷学派と退渓学派、西人と南人の対立によって、李珥と成渾は文廟に従祀されなかった。

孝宗即位年（一六四九）十一月二十三日、在位一年（一六五〇）二月二十二日、六月三日、李珥と成渾の配祀を要請する上疏があったが、顕宗四年（一六六三）五月二十日、南人派の儒生らが李と成の文廟従祀に反対する上疏をした。粛宗六年（一六八〇）八月二十六日、七年（一六八一）九月十八日に再び李と成の配祀を請う上疏があり、粛宗八年（一六八二）五月になって終に彼らは配祀された（「本朝儒臣文成公李珥、文簡公成渾於孔子廟庭。(38)」）。

ところが、李珥と成渾の文廟従享は順調に進まなかった。粛宗十五年（一六八九）の己巳換局によって李珥と成渾は黜享され、(39)粛宗二十年（一六九四）の甲戌換局によって取り返された。(40)

李と成の復享の後、文廟従祀は栗谷学派の手に握られたようである。粛宗四十三年（一七一七）二月、栗谷の門人である金長生（一五四八〜一六三一）が配享された。(41)金は朝鮮の代表的な礼学者であり、栗谷学派形成に土台を築いた人物である。宋浚吉（一六〇六～一六七二）と宋時烈（一六〇七～一六八九）は彼の高弟である。

金長生に相次いで、宋浚吉と宋時烈の配享が奏請された。粛宗四十三年十一月、全羅道の儒生である鄭敏河は宋時烈と宋浚吉を配享することを上疏した。[42] 鄭敏河の上疏の翌年、儒生である尹寿俊が宋時烈・宋浚吉とともに、朴世采（一六三一～一六九五）の文廟配享を奏請した。[43] 当時、西人は老論と少論で分かれ、その老論は朴世采の配享に反対した。その例として、鄭宅河の上書がある。[44]

英祖は在位三十二年（一七五六）二月に宋時烈と宋浚吉の文廟従祀を受け入れ、[45] 在位四十年（一七六四）三月に朴世采も配祀させた。その背景には、朴世采が老論と少論間の葛藤調整論を主張し、英祖がこれを蕩平論として高く評価したことがあったからである。[46] 正祖は在位二十年（一七九六）九月、金鱗厚（一五一〇～一五六〇）を配祀させ、[47] 高宗は在位二十年に趙憲と金集（一五七四～一六五六）を文廟従祀させた。これが朝鮮の最後の文廟従祀になった。[48]

五、性理学を中心した中国先賢の文廟従祀と宋朝六賢陞配

朝鮮において文廟に従祀される中国の先賢は、いかなる基準によって定められたのか。朝鮮の儒学者は性理学を中心にしたため、宋の性理学者を重んじて、孔子→四聖（顔子・曽子・孟子・子思）→宋朝六賢→朝鮮の先賢にその道統が繋がっていると認識していた。それ故に、文廟に従祀する中国の

先賢も性理学者が中心であり、朱子をはじめとする宋の六賢を東西廡から大成殿へ陞配した。このようにして、朝鮮が宋代性理学を正統とみなしていることを明らかにした。

1、性理学を中心した中国の先賢の文廟従祀

成宗五年（一四七四）に完成された『国朝五礼儀序例』「吉礼・壇廟図説・文宣王廟」によると、文廟の位次は、孔子、顔子・曽子・子思・孟子、孔門十哲、中国の一〇五賢、韓国の三賢で、合わせ一一三位であった。(49) これより以前の『世宗実録』「五礼」（一四五四）も一一三位であった。(50)

ところが、中国の先賢に関して文廟への昇黜の問題が持続的にもちあがっている。宣祖七年（一五七四）、趙憲は「質正官回還後先上八條疏」を上げ、中国の文廟に従祀された中国の儒学者を、そのまま朝鮮の文廟に従祀するかに関して論じた。

臣又按、東西廡之列、林放、蘧瑗、公伯寮、秦冉、顔何、荀況、戴聖、劉向、何休、賈逵、馬融、鄭衆、盧植、鄭玄、服虔、范甯、王肅、王弼、杜預、吴澄等、不在其中、后蒼、王通、歐陽脩、胡瑗、楊時、陸九淵、薛瑄等、皆與于列。蓋従祀之典、所以報聖門之有功、而示來学之趨向也。……公伯寮身遊聖門、而嘗欲反害夫子之道、荀況謂性為悪、而謂思孟為亂天下、……賈逵傅会讖緯、馬融貪鄙附勢、為梁冀草詔、以殺李固、何休解春秋、黜周王魯、王弼宗

旨老荘、王粛佐司馬昭簒魏、杜預為吏不廉、為将不義、呉澄出処不正、而学又帰禪、…而其在我朝、尚列于従祀、恐当議黜者也。…獨陸九淵之学、不事講問、専務頓悟。当時朱子、固憂其説之為害、而流傳益久、人惑愈甚、挙世靡然、胥帰禪学。如王守仁之敢為横議、詆謗朱子者、而尚請其従祀、則是必江西之人、習熟見聞、而筮仕者衆、力佑象山、以至上誤朝廷、下誤斯学(51)。

趙憲は、儒学に功があり、且つ後学が趨向するに値する人物だけが文廟に従祀されすべきだと言った。この基準に合わない、例えば公伯寮、荀況、賈逵らのような人物は朝鮮の文廟から黜享させることを主張した。そして、趙は、中国の文廟で陸九淵と王陽明を祀ることに対して、陸と王は二人とも朱子を批判して禅学を追求した人物だと考えた。その理由によって、中国の文廟から黜享されるべきことと、朝鮮の文廟に従祀させないことを主張した。趙憲に賛成した人は李廷亀である。李廷亀は、光海君二年（一六一〇）に「文廟祀典釐正啓本（庚戌五月）」を執筆してこれについて指摘した。

粛宗八年（一六八二）五月、朝鮮の文廟から公伯寮、荀況、賈逵、馬融、何休、王弼、王粛、杜預、呉澄らが黜享された。その代わりに宋の性理学者らが文廟に従祀された。

従祀宋朝儒賢楊時、羅従彦、李侗、黄榦、本朝儒臣文成公李珥、文簡公成渾於孔子廟庭。罷先儒公伯寮、荀況、馬融、王弼、王粛、杜預、何休、賈逵、呉澄等従祀、以一人而詿誤疊祀、

去申黨。年前已命議大臣定奪、今始礼成。(52)

当時、文廟に従祀された中国の先賢は楊時、羅従彦、李侗、黄榦で、全て性理学者である。李侗は朱子の師匠であり、黄幹は朱子の高弟であり、羅従彦は李侗の師匠であり、楊時は羅従彦の師匠である。一方、公伯尞、荀況、馬融、王弼、王肅、杜預、何休、賈逵、呉澄らは、全てが性理学（道統）に弊害を齎したことを理由に黜享した。

正祖九年（一七八五）に完成された『太学志』「位次」には、「孔子、顔子・曽子・子思・孟子、孔門十哲、宋朝六賢、中国九十三賢、韓国十五賢で、合わせて一二九位である。ところが、『太学志』「享祀図」には孔子、顔子・曽子・子思・孟子、孔門十哲、宋朝六賢、中国九十四賢、韓国十八賢で、合わせて一三三位である。これは、中国先賢として韓愈が追加され、且つ正祖二十年（一七九六）の金麟厚、高宗二十年（一八八三）の趙憲と金集が加わっているからである。

このことから「享祀図」が一八八三年以降修正・補完されたものであり、朝鮮時代文廟の享祀対象を最終的に反映したものであることが分かる。(53)『太学志』「享祀図」を見ると、司馬光、楊時、羅従彦、胡安国、李侗、張栻、呂祖謙、黄幹、蔡沈、真徳秀、許衡はすべて中国性理学と関係がある人物たちである。この資料によって、朝鮮の文廟に祀られた中国の先賢は、性理学者であったことがあらためて確認できる。

『太学志』「享祀図」

正位
文宣王 - 孔子

殿西	西配位	位次	東配位	殿東
冉耕	曽子	1	顔子	閔損
宰予	孟子	2	子思	冉雍
冉求		3		端木賜
言偃		4		仲由
顓孫師		5		卜商
程顥		6		周敦頤
邵雍		7		程頤
朱熹		8		張載

西廡	位次	東廡
宓不齊	1	澹臺滅明
公冶長	2	原憲
公晳哀	3	南宮适
高柴	4	商瞿
司馬耕	5	漆雕開
有若	6	樊須
巫馬施	7	公西赤
顔辛	8	梁鱣
曹卹	9	冉孺
公孫龍	10	伯虔
秦商	11	冉季
顔高	12	漆雕哆
壌駟赤	13	漆雕徒父
石作蜀	14	商澤
公夏首	15	任不齊
后処	16	公良孺
奚容蒧	17	秦冉
顔祖	18	公肩定
句井疆	19	鄡單
秦祖	20	罕父墨
榮旂	21	公祖句玆
左人郢	22	県成
鄭国	23	燕伋
原亢	24	顔之僕
廉潔	25	楽欬
叔仲会	26	顔何
邽巽	27	狄黒
公西輿如	28	孔忠
蘧瑗	29	公西蒧
林放	30	施之常
陳亢	31	秦非
琴張	32	申棖
歩叔乘	33	顔噲
公羊高	34	左丘明
伏勝	35	穀梁赤
戴聖	36	高堂生
董仲舒	37	毛萇
孔安国	38	劉向
杜士春	39	鄭衆
鄭玄	40	盧植
范寧	41	服虔
司馬光	42	韓愈
羅従彦	43	楊時
李侗	44	胡安国
呂祖謙	45	張栻
蔡沈	46	黄幹
許衡	47	真徳秀
崔致遠	48	薛聰
鄭夢周	49	安裕（安珦）
鄭汝昌	50	金宏弼
李彦迪	51	趙光祖
金麟厚	52	李滉
成渾	53	李珥
趙憲	54	金長生
宋時烈	55	金集
朴世采	56	宋浚吉

2、宋朝六賢の陞配

宋朝六賢とは、周敦頤・程顥・程頤・張載・邵雍・朱熹を指して言う。粛宗七年（一六八一）十二月、宋時烈は周敦頤、程子（二程）、張載、邵雍、朱子を東西両廡から大成殿へ陞配すべきだと上書した。

又竊念、周、程、張、邵以至朱子、実継孔、孟之正統、其道甚大、其功至隆、班之十哲、猶為称屈、而尚在両廡、猥與崔致遠等相並、此甚不可之大者。是故、朱子於竹林之祠、只以周、程以下七賢、直接孔、孟、而餘人不與、其意可見也。況朱子則又集群儒之大成、而其功亜於孔子者耶。此宜陞諸殿内、以明其統緒之所在也(54)。

宋時烈は、宋朝六賢、これこそが孔子と孟子の道統を継承した人物と考え、その故に東西廡に安置されているのは正しくないと指摘した。特に宋は、朱子が孔子に次ぐ人であり、大成殿へ陞配させ、その統緒を目立たせるべきだと主張した。粛宗八年（一六八二）四月、粛宗は大臣らと宋朝六賢の大成殿陞配に関して議論をした。

金寿恒、金寿興議皆曰、時烈言皆是、而宋朝五賢、宜陞殿内、而聖廟間架、不先恢拓、則無以推移奉安、事力又難、軽挙鉅役、恐不可遽議。……閔鼎重言、聖廟祀典、不可不審処而致慎。今若論以名義之正、則自大聖以下位版改題、乃是第一事、最宜先挙周、二程、張、邵、朱六賢、陞祔殿内、豈容少緩。……李尚真言、六賢陞殿、誠是至論、議者或以廟宇恢拓為難、此固然矣。惟当観其事理、不必論挙措難易。苟能議定、則待時亦無妨也。…上教曰、宋朝五賢陞配殿内一款、依宋領府事疏辞施行、而此時巨役、似難軽議、徐待年豊挙行。(55)

宋朝六賢の陞配について、金寿恒・金寿興は、現実的な側面から見ると大成殿の改造の困難さがあると指摘し、閔鼎重と李尚真は六賢陞殿を施すことを建議した。この案に対して、粛宗は豊年になるのを待って宋朝六賢を陞配すべきだと語った。しかし、実現までには相当の時間がかかった。粛宗四十年（一七一四）七月、閔鎭厚は以下の上書をした。

又曰、壬戌因先正臣宋時烈之言、有宋朝六賢陞配従享之命、而令待年豊挙行矣。此事至今遷拖、似因歳飢、而設令豊登、何可改造大成殿乎。臣屢参釈奠祭、嘗見十哲位所奉校椅頗大。今若稍減其制、似不至狭窄難容。請令本館堂上、審察稟処。上並可之。(56)

閔鎭厚は一六八二年の陞配の御命がいまだに行われない問題とその原因に関して述べている。閔は、その解決策として、大成殿を改築せず、校椅を縮小して宋朝六賢を安置する方案を考え出した。粛宗はこの案を採択して、一七一四年八月に宋朝六賢を陞配することを命じた。

陞配宋朝六賢於文廟大成殿内。道国公周敦頤奉於魏公卜商之下、預国公程顥奉於潁川侯顓孫師之下、洛国公程頤奉於道国公周敦頤之下、新安伯邵雍奉於預国公程顥之下、郿伯張載奉於洛国公程頤之下、徽国公朱熹奉於新安伯邵雍之下。殿宇不為改造、而稍殺床椅之制、推移奉安、平明陳賀頒教。(57)

以上のように、粛宗は大成殿を改築せずに、床卓と校椅を小さくして宋朝六賢を大成殿に配した。その位次は、子夏の下に周濂渓・程伊川・張横渠が、子張の下に程明道・邵康節・朱子が安置された。宋朝六賢の大成殿へ陞配は、宋の性理学を孔孟の正統として認識していることを表す象徴である。したがって、朝鮮の性理学が儒学の正統を継承していることをも示すものであった。

六、結論

朝鮮は文廟釈奠を重要な国家典礼として認識していた。朝鮮の文廟釈奠は太宗十年（一四一〇）、儀礼詳定所の設置からその整備が始まった。世宗の代に「視学酌献文宣王儀」、「王世子釈奠文宣王儀」、「有司釈奠文宣王儀」、「州県釈奠文宣王儀」の儀礼が定められた。

成宗五年（一四七四）に完成された『国朝五礼儀』によって、朝鮮における文廟釈奠が定立されたと言える。朝鮮の文廟釈奠は中国から受容され、且つ発展を遂げた。しかしながら、以下のように中国とは相当異なる点もある。

一番目は、孔子の諡号の変更に関することである。明の世宗の嘉靖九年（一五三〇）、孔子を「王」と呼ぶ既往の呼称を廃して「至聖先師」としたのに比べて、朝鮮は「大成至聖文宣王」と言う諡号を廃棄することはなかった。

二番目は、朝鮮の文廟に従祀された韓国の儒学者に関することである。高麗時代の鄭夢周、朝鮮時代の金宏弼、鄭汝昌、趙光祖、李彦迪、李滉、金麟厚、李珥、成渾、趙憲、金長生、金集、宋浚吉、宋時烈、朴世采は、新たに配された人物であり、これらは全て性理学者である。このような現象は朝鮮の儒学が性理学を中心にしていたからである。朝鮮の文廟従祀を詳しく見ると、最初の頃は士林派が中心となっていたが、五賢従祀以降は栗谷学派に中心が移ったことがわかる。

三番目は、朝鮮の文廟に従祀された中国の先賢に関することである。朝鮮は性理学を重んじ、朝鮮の文廟に配祀した中国先賢は概ね中国の性理学者である。これに比して、中国では明の陽明学者及び清の考証学者らも安置した。

四番目は、文廟における宋朝六賢の位次に関する事である。朝鮮における宋朝六賢の位次は中国と異なる。粛宗は、宋時烈の奏請を受け入れ、朱子を含む宋朝六賢を東西廡から大成殿へ陞配した。

これらの措置は、宋の性理学が孔孟の先秦儒学の正統性を継承していると宣言することの象徴であろう。中国の場合、清の康熙帝の在位五十一年（一七一二）に、唯一朱子だけを大成殿へ陞配して十哲の下に位次しただけであったのと大きく異なっていた。

＊「朝鮮時代における文廟釈奠の争點とその特徴」は、二〇二二年十一月十二日、二松学舎大学日本漢学研究センターにおいて開催された「孔子二五〇〇年記念シンポジウム・漢学者記念館会議」で初め発表した。以降、修正・補完して『東洋哲学研究』一一三輯（韓国：東洋哲学研究会、二〇二三年二月）に投稿した。本稿はこの論文を再び修正・補完したものである。

1　文廟の釈奠に関する研究はかなり行われている。しかしながら、朝鮮における文廟釈奠の形成及びその展開に関する深い研究は国内にはないと言える状況である。以下の研究は、朝鮮における文廟釈奠の形成及びその展開について概略的、或いは部分的に扱った。
五興『儒教와釈奠大祭』、成均館、一九九九。최병철「韓国文廟釈奠의定立과展望」『哲学과現実』二〇〇九年봄호（通巻第八〇号）、哲学文化研究所、二〇〇九。金滿錫「釈奠儀礼楽研究」、成均館大学校博士学位論文、二〇〇二。柳志信「釈奠礼楽의淵源과ユ展開에關한研究」、成均館大学校博士学位論文、二〇一二。呉亜坤「韓国釈奠大祭의哲学思想研究」成均館大学校碩士学位論文、二〇一七。

韓国国外の研究として柳銀珠の『国尚師位—歴史中的儒家釈奠礼』（北京：宗教文化出版社、二〇一三）は、朝鮮における文廟釈奠を全般的に研究した。この著書は、統一新羅・高麗・朝鮮における文廟釈奠の形成の過程及びその特徴を仔細に考察した。特に、「第三章釈奠礼在韓国朝鮮時代的演変與特征」の第一節では、朝鮮の文廟釈奠の形成過程、韓国十八賢の文廟従祀、文廟釈奠の拡大された側面（叔梁紇などを祀る啓聖祠形成まで）を考察し、第二節では、朝鮮の文廟釈奠と科挙制度の関連性について謁聖試を中心して研究した。さらに、文廟釈奠が書院の祭享に及ぼした影響も扱った。

2 『太祖実録』巻一、「太祖一年八月八日（丁巳）」

3 『太宗実録』巻五、「太宗三年四月十六日（壬戌）」：司諫院上疏。疏略曰、…建文元年正月三十日、成均館依宋朝故事、上章申請、以曽子子思、配食於顔孟之列、誠盛時之美典也。

4 『増補文献備考』巻二〇三、「学校考二 太学二」：而火于庚辰（定宗二年／一三九九）二月…歳乙酉（太宗五年／一四〇五）還都、親奠于先聖先師、越三年丁亥（太宗七年／一四〇七）正月、命卽廟之旧基而新之。星山君臣李稷暨中軍同知摠制臣朴子青董役。晨夕督視…四閲月而廟成…用議政府左政丞臣河崙献議、躋郕沂二公於配位、陞子張於十哲、廟宮之制、益無憾焉。（筆者は、以下の朝鮮王の在位年を西暦に換算した。）

5 『高麗史』巻六十二、「志十六・礼四・吉礼中祀・文宣王廟」：神位、文宣王設位于殿上北壁、当中南向、以兗国公顔回配。

朝鮮の定宗元年（一三九九）になって、既存の配位に新たに曽子・子思が加わった、と言うのは、既に配位で顔子以外、孟子もあったと言う意味だろう。つまり、これは朝鮮初の二配位であった事を言い、それは、太祖年間（一三九二～一三九八）に高麗の一配位を二配位に変更したことか。『朝鮮王朝実録』はこの問題について言及しない。『朝鮮王朝実録』に記録がないという点と、開国初という時間的な制約をもって推論すれば、太祖年間に一配位から二配位へ変わったのではなく、高麗の二配位制度が朝鮮初にも継承されたのだと理解できる。したがって、『高麗史』には顔子だけを配位したことに関して述べているが、実際には高麗後期、或いは末期に二配位へ変更された可能性がある。

6 『太宗実録』巻二十一、「太宗十一年四月二十七日（丁巳）」：命詳定釈奠儀、…礼曹参議許稠啓曰、臣嘗朝上国、過闕里見釈奠儀、與今国家所用之儀、互有同異、請加考證。

7 『太宗実録』巻二十二、「太宗十一年十一月七日（甲子）」：且咨礼部曰、「本国祖廟及社稷山川文廟等祭、未知聖朝所制藩国儀式、仍用前代王氏旧礼、深為未便。上項祭礼、理合奏請、如蒙頒降、欽依遵守。

8 『太宗実録』巻二十三、「太宗十二年五月三日（丙戌）」：永楽十年三月初二日、本部官於奉天門、題奏奉聖旨、只従他本俗。恁礼部行文書去、着他知道。

9 『太宗実録』巻二十八、「太宗十四年七月十一日（壬午）」：又上王世子及有司州県釈奠儀、遂頒行。

10 『高麗史』巻六十二、「志・巻第十六・礼四・文宣王廟」の「視学酌獻儀」「（有司）釈奠儀」「諸州県文宣王廟釈奠儀」を参照。

11 『世宗実録』巻一二八、「五礼序文」：上乃命鄭陟、卞孝文、撰定嘉賓軍凶等礼、取本朝已行典故、兼取唐宋旧礼及中朝之制。其去取損益、皆稟宸斷、卒未告訖、冠礼亦講求而未就。其已成四礼、并許稠所撰吉礼、附于実録之末。

12 『世宗実録』巻一三二、「五礼・吉礼儀式」の「視学酌獻文宣王儀」「王世子釈奠文宣王儀」「有司釈奠文宣王儀」「州県釈奠文宣王儀」を参照。

13 『国朝五礼儀』巻一、「国朝五礼儀序」：仍命臣希孟・知中樞奉朝賀臣鄭陟…等撰定…越甲午（成宗五年／一七四七）夏、始克成書、模印將行。

14 『通典』巻一一七、「礼七十七・開元礼纂類十二・吉礼九・皇太子釈奠於孔宣父（国学釈奠、仲春仲秋釈奠於斉太公廟並附）」を参照。

15 『政和五礼新儀』巻一二五、「吉礼・皇太子釈奠文宣王儀下」、『元史』巻七十六、「志第二十七上・祭祀五・宣聖」、『大明集礼』巻十六、「釈奠文宣王・降香遣官釈奠孔子廟学儀注」を参照。

16 『世宗実録』巻一三一、「五礼・吉礼儀式」、（「有司釈奠文宣王儀」）を参照。

17 『大韓礼典』（十巻十冊）は、未刊で、韓国学中央研究院蔵書閣に所蔵されている草稿本（筆写本）が現在唯一である。高宗は在位三十四年（一八九七）六月に史礼所を備え、七月一日から本格的に『大韓礼典』を編纂した。ところが史礼所は財政の問題から、わずかに高宗三十五年（一八九八）十月まで運営されただけで、史礼所が廃止された以降、史礼所直員であった張志淵が南廷弼・金沢栄の後援によって、十二月に最終本を整理して高宗に提出した。現存本は、修正と削除した痕跡、必要事項を含む書入れなどが多い。それ故に高宗に提出した最終本だと判断できないところがあり、最終本寸前の編輯本と見られる。

18 『大韓礼典』巻八、「吉礼」、（「有司釈奠文廟儀」）を参照。

19 『宣祖修正実録』巻八、「宣祖七年十一月一日（辛未）」。

20 『宣祖実録』巻一〇〇、「宣祖三十一年五月九日（癸巳）」：昨夕、経理往成均館、直入聖殿、不為焚香、鞠躬拱手加額、開紙匣謂曰、天朝則文宣王牌、書以至聖先師孔子之位。爾国何以文宣王書乎。

21 『宣祖実録』巻一三七、「宣祖三十四年五月一日（戊戌）」：答曰、省啓、良用嘉焉。但此事、難於挙行耳：『宣祖実録』巻一八〇、「宣祖三十七年十月十七日（癸亥）」：姑待後日、更議処之。

22 『月沙集』巻六十、「文廟祀典釐正啓本（庚戌五月）」。

23 『仁祖実録』巻十三、「仁祖四年閏六月二十四日（甲子）」。

24 『仁祖実録』巻十三、「仁祖四年七月四日（甲戌）」：則左議政尹昉以為、我朝自丁酉年間、已有此議、継而筵臣屢為陳啓、而秖縁朝家多事、未遑挙行、誠為一代之欠典。今見該曹啓辞、考据甚精、依此釐正為当。

25 『仁祖実録』巻十三、「仁祖四年七月四日（甲戌）」。

26 『仁祖実録』巻十三、「仁祖四年七月四日（甲戌）」。

27 『高宗実録』巻四十二、「高宗三十九年二月五日（陽暦）」：奉常司提調金台済疏略、…唐之変古封王、難免後世之議、明之改王称師、可謂一洗其陋。然以臣見之、盡善而未盡美也。既去大聖文宣之号、不宜独留至聖。今若改題、特書以大聖先師或宗師四字、恐合於尊師。

28 『増補退渓全書』四、「退渓先生言行録」巻五　類編：中朝去文廟追崇之号、改題先聖先師、朝廷亦有欲遵是制者。先生曰、聖人之徳、雖不以封贈而有所加損、然尊以是号、世代已久。程朱大儒、亦無異議、而一朝削去、実所未安。今此挙措、何可軽議。【鶴録】

29 『世宗実録』巻五、「世宗一年九月二十一日（癸亥）」：元肅啓、前者諫院請従祀権近於文廟、命下政府六曹擬議。

30 『世宗実録』巻五十九、「世宗十五年二月九日（癸巳）」：致遠薛聰安珦之後、唯吾益斉李斉賢唱鳴道学、牧隠李穡、実伝正印、臣師陽村権近独得其宗。…三子之学、非他汎焉先儒之比。…是雖皆得與於従祀之列、未必不可、此乃学者之至願、盛朝之令典、而猶未挙行、識者嘆恨。

31 『世祖実録』巻三、「世祖二年三月二十八日（丁酉）」：集賢殿直提学梁誠之上疏曰、…一、文廟従祀。…臣聞学士雙冀、在前朝始設科挙、以振文風、文献公崔冲又設九斉、以教諸生、至於文忠公李斉賢、文忠公鄭夢周、本朝文忠公権近、其文章道徳、人皆可以垂範萬世、乞皆配享先聖、以勧後人。

32 『中宗実録』巻十二、「中宗五年十月十八日」。

33 『中宗実録』巻十二、「中宗五年十二月二十一日（癸卯）」：三公啓曰、夢周忠孝大節、凜然後世、又有功於理学、
果合従祀文廟。然人之賢者、皆得従祀、則所謂従祀文廟、不幾於軽乎。上曰、然。

34 『中宗実録』巻二十九、「中宗十二年九月十七日」：以文忠公鄭夢周、従祀文昌侯崔致遠之下、遣使祭之。

35 『光海君日記』巻三十三、「光海君二年、九月五日（丁未）」【大提学李廷亀製進。】

36 『仁祖実録』巻三十一、「仁祖十三年五月十一日（庚申）」。

37 『仁祖実録』巻三十一、「仁祖十三年五月十一日（庚申）」。

38 『粛宗実録』巻十三、「粛宗八年五月二十日（丁卯）」。

39 『粛宗実録』巻二十、「粛宗十五年三月十八日（乙酉）」：黜文成公李珥、文簡公成渾於文廟従享。

40 『粛宗実録』巻二十七、「粛宗二十年六月二十三日（己未）」：復以李珥、成渾従享于文廟、先期、賜祭于其家、
仍宣教文諸道郷校、巡察使造位版以頒、故追擇吉日挙行、蓋用壬戌陞配時旧例也。是日百官陳賀、頒教中外。

41 『粛宗実録』巻五十九、「粛宗四十三年二月二十九日（甲寅）」：命配享文元公金長生於文廟。…礼曹推擇五月
二十日、為配享吉日、又請前一日、告由於大成殿、遣礼官賜祭及教書於本家、又於従祀翌日、頒教八方、蓋旧
制也。上可之。

42 『粛宗実録』巻五十九、「粛宗四十三年十一月十九日（己巳）」：全羅道儒生鄭敏河等上書、請以先正臣宋時烈、
宋浚吉、従祀文廟。

43 『粛宗実録』巻六十一、「粛宗四十四年二月二十六日（乙巳）」：京畿、黄海、忠清三道儒生尹寿俊等上書、請以
文正公宋時烈、文正公宋浚吉、文純公朴世采、従祀文廟。

44 『粛宗実録』巻六十一、「粛宗四十四年三月八日（丁巳）」：言鄭宅河上書曰、竊伏念文正公宋時烈、文正公宋浚吉、
倶以文元公之嫡伝、共被聖祖之礼遇、生為一世之矜式、沒為百代之宗師。…日者儒生尹寿俊之疏、復以文純公
臣朴世采、追挙並請。臣於是、不能無慨焉。…今両賢従祀之請、士論既発、未蒙準許、而寿俊輩、徒知先賢之
可尊、不思事体之至厳、猝然追発於大論停当之後、混然並挙、惹起人疑、豈非未安之甚乎。

45 『英祖実録』巻八十七、「英祖三十二年二月一日（己亥）」：上命文正公宋時烈、文正公宋浚吉従祀文廟。

46 『英祖実録』巻一〇三、「英祖四十年三月一日（壬子）」：還宮輦至興化門、見三道儒生、以疏伏闕者問之、乃請

故先正臣文純公朴世采従享文廟者也。…後以特旨従享。

47 『正祖実録』巻四十五、「正祖二十年九月十七日（己未）」：館学儒生洪準源等上疏、申請文靖公金麟厚従享文廟。批曰、…爾等所請先正文靖公金麟厚配食文宣王廟庭事、許施。令礼官、取考典礼、卜日挙行。

48 『高宗実録』巻二十、「高宗二十年十月二十四日（辛未）」：教曰、…文烈公趙憲、文敬公金集、並施以陞享聖廡。儀節、令該曹照例挙行。

49 『国朝五礼儀序例』巻一、「吉礼・壇廟図説・文宣王廟」：神座、大成至聖文宣王、居中南向。配享、兗国復聖公［顔子］、郕国宗聖公［曽子］、沂国述聖公［子思］、鄒国亜聖公［孟子］、在正位東南西向北上［今殿窄狭、宗聖公、亜聖公、在西南東向］。殿内従享、費公［閔損第一］、薛公［冉雍第三］、黎公［端木賜第五］、衛公［仲由第七］、魏公［卜商第九］、在東壁、並西向。鄆公［冉耕第二］、斉公［宰予第四］、徐公［冉求第六］、呉公［言偃第八］、潁川侯［顓孫師第十］在西壁、並東向、倶北上。東廡従享、金郷侯［澹臺滅明］、任城侯［原憲］、汝陽侯［南宮适］、萊蕪侯［曽點］、須昌侯［商瞿］、平輿侯［漆雕開］、睢陽侯［司馬耕］、平陰侯［有若］、東阿侯［巫馬施］、陽穀侯［顔辛］、上蔡侯［曹卹］、枝江侯［公孫龍］、馮翊侯［秦商］、　澤侯［顔高］、上邽侯［壌駟赤］、成紀侯［石作蜀］、鉅平侯［公夏首］、膠東侯［后処］、済陽侯［奚容箴］、富平侯［顔祖］、淦陽侯［句井疆］、甄城侯［秦祖］、即墨侯［公祖句玆］、武城侯［県城］、汧源侯［燕伋］、宛句侯［顔之僕］、建成侯［楽欬］、堂邑侯［顔何］、林慮侯［狄墨］、鄆城侯［孔忠］、徐城侯［公西箴］、臨濮侯［施之常］、華亭侯［秦非］、文登侯［申棖］、済陰侯［顔噲］、泗水侯［孔鯉］、蘭陵伯［荀況］、睢陽伯［穀梁赤］、萊蕪伯［高堂生］、楽寿伯［毛萇］、彭城伯［劉向］、中牟伯［鄭衆］、緱氏伯［杜子春］、良郷侯［盧植］、滎陽伯［服虔］、司空［王粛］、司徒［杜預］、昌黎侯［韓愈］、豫国公［程顥］、新安伯［邵雍］、温国公［司馬光］、華陽伯［張栻］、魏国公［許衡］、在東西向。西廡従享、単父侯［宓不斉］、高密侯［公冶長］、北海侯［公晳哀］、豊阜侯（曲阜侯）［顔無繇］、共城侯［高柴］、寿長侯［公伯寮］、益都侯［樊須］、鉅野侯［公西赤］、千乗侯［梁鱣］、臨沂侯［冉孺］、沭陽侯［伯虔］、諸城侯［冉季］、濮陽侯［漆雕哆］、高苑侯［漆雕徒父］、鄒平侯［商澤］、当陽侯［任不斉］、牟平侯［公良孺］、新息侯［秦冉］、梁文侯（梁父侯）［公肩定］、聊城侯［鄡単］、祈郷侯［罕文墨］、淄川侯［申党］、厭次侯［栄旂］、南華侯［左人郢］、朐山侯［鄭国］、楽平侯［原亢］、胙城侯［廉潔］、博平侯［叔仲会］、高堂侯［邽巽］、臨朐侯〔公西輿如〕、内黄侯〔蘧伯玉〕、長山侯〔林放〕、南頓侯〔陳亢〕、陽平侯〔琴張〕、博昌侯〔歩叔乘〕、中都伯〔左丘明〕、臨淄伯〔公羊高〕、乗氏伯〔伏勝〕、考城伯〔戴聖〕、江都相〔董仲舒〕、曲阜伯〔孔安国〕、歧陽伯〔賈逵〕、扶風伯〔馬融〕、高密伯〔鄭康成〕、任城伯〔何休〕、偃師伯〔王弼〕、新野伯〔范甯〕、道国公〔周敦頤〕、洛国公〔程頤〕、郿伯〔張載〕、徽国公〔朱熹〕、開封伯〔呂祖謙〕、在西東向、倶北上。本国、弘儒侯〔薛聰〕、文昌公〔崔致遠〕、文成公〔安珦〕、在西廡南、北向西上。

50 『世宗実録』巻一二八、「五礼・吉礼序例・神位」を参照。

51 『宣祖修正実録』巻八、「宣祖七年十一月一日（辛未）」。

52 『粛宗実録』巻十三、「粛宗八年五月二十日（丁卯）」。

53 『大韓礼典』巻三、「序例・吉礼・壇廟図説」、「文廟」は、孔子、顔子・曽子・子思・孟子、孔門十哲、宋朝六賢、中国九十四賢、韓国十八賢で合わせ一三三位である。

54 『粛宗実録』巻十二、「粛宗七年十二月十四日（癸巳）」。

55 『粛宗実録』巻十三、「粛宗八年四月二十二日（己亥）」。

56 『粛宗実録』巻五十五、「粛宗四十年七月十一日（庚戌）」。

57 『粛宗実録』巻五十五、「粛宗四十年八月九日（戊寅）」。

参考文献

原典

『国朝五礼儀』（影印本、民昌文化社、一九九四）
『大韓礼典』（韓国学中央研究院所蔵、二〇〇四）
『高麗史』（影印本、延世大学校東方学研究所、一九七二）
『朝鮮王朝実録』（影印本、国史編纂委員会、一九八六）
『太学志』（影印本、成均館、一九八四）

『通典』（影印本、浙江古籍出版社、二〇〇〇）
『増補退渓全書』（影印本、成均館大学校大東文化研究院、一九九七）
『月沙集』（影印本、民族文化推進会、一九九一）

著書
權五興編『儒教와釈奠』、成均館、二〇〇四。
柳銀珠、《国尚師位・歴史中的儒家釈奠礼》、北京・宗教文化出版社、二〇一三。

論文
金滿錫「釈奠儀礼楽研究」、成均館大学校博士学位論文、二〇〇二。
柳志信「釈奠礼楽의淵源과그展開에關한研究」、成均館大学校博士学位論文、二〇一二。
吳亜坤「韓国釈奠大祭의哲学思想研究」、成均館大学校碩士学位論文、二〇一七。
최병철「韓国文廟釈奠의定立과展望」、『哲学과現実』二〇〇九年봄호（通巻第八〇号）、哲学文化研究所、二〇〇九。
최영갑「鄉校의配享設位와儀礼礼節의現代的照明」、『牛渓学報』三八호、牛渓学会、二〇二〇。

安井息軒廟縁起
宮崎市安井息軒記念館の取り組みと併せて

青山大介

はじめに

本稿の内容は、令和四年十一月十二日に二松学舎大学日本漢学研究センター主催「孔子二千五百年記念シンポジウム・全国漢学者記念館会議」で行った報告にもとづく。報告の機会を与えてくれた主催者に感謝すると同時に、報告内容が「儒教祭祀」というシンポジウムのテーマに十分応えたものでなかったことを改めて陳謝したい。「宮崎市安井息軒記念館」(以下「弊館」)は「安井息軒廟」を擁しているものの、公的施設ということもあって祭祀に類する宗教行為は行っていない。

ここでは通常の顕彰活動と例年九月二十三日に廟前で挙行される宮崎市主催の慰霊祭「清武郷先人祭」を広義の祭祀と解釈し報告する。まず弊館の取り組みを紹介し、次いで宮崎における息軒顕彰運動の推移に沿って弊館附設の廟堂が建立されるまでの経緯を説明する。

（一）宮崎市安井息軒記念館の顕彰活動

弊館は、地元宮崎が生んだ「知の巨人」安井息軒の顕彰を使命としている。現在のところ地元宮崎の市民を対象としており、宮崎の市民が「安井息軒」という歴史的人物の存在を認知し、彼を「自分たちの偉人」と認識し、その事績と業績について学び、誇りをもって周囲に伝えられるようになることを目的として、顕彰活動を行っている。

顕彰活動は四つの柱からなる。まず（1）社会人・学生を主な対象とした学習活動、次に（2）児童・生徒を主な対象とした体験活動、（3）関連史料の保存・展示活動、最後に（4）住民全体を対象とした顕彰活動である。例えば令和4年度の活動は以下の通り。

（1）社会人・学生を対象とした学習活動

安井息軒記念館講座（年6回）、みやざき三計塾（年6回）、息軒ふるさとウォーク、安井息軒記念館バスツアー、大学生を対象とした講義

（2）児童・生徒・園児を対象とした体験活動

夏休みこども息軒塾（全4回）、安井息軒顕彰書道展・自由研究・絵画展、安井息軒顕彰小学生かるた大会（予選・本戦）、安井息軒俳句コンクール、遠足・社会見学の受け入れ

（3）関連史料の保存・展示活動

夏・秋ミニ企画、冬の企画展、息軒関連史料の収集・保管、本館所蔵マイクロフィルムの電子化

（4）住民を対象とした顕彰活動

安井息軒記念講演会、お佐代さんを偲ぶ会、安井息軒梅まつり、安井息軒短歌・俳句・川柳コンクール

また、弊館の敷地には安井息軒を祀った安井息軒廟と飫肥藩清武郷（宮崎市清武・赤江・木花・青島・田野）の発展に貢献した人物を合祀した「先人廟」が並んでおり、弊館が管理している。毎年息軒の命日である九月二十三日には廟前にて宮崎市の主催で「清武郷先人祭」が開催され、合祀者の遺族や子孫を招き、宮崎市長、市会議員、教育委員が列席したうえで慰霊式が執り行われる。一年間でこの日のみ安井息軒廟の廟扉を開き、中の「安井息軒座像」を披露し、その遺徳を偲ぶ。式後、列席者は宮崎市清武町文化会館へ移動して安井息軒顕彰会主催「安井息軒記念講演会」に参加することが通例となっており、今年は開会式で清山知憲宮崎市長が式辞を述べた。

（二）戦前の顕彰活動：「半九公園」

安井息軒は寛政十一年（一七九九）に飫肥藩清武郷（宮崎市清武町）で生まれ、明治九年（一八七六）に東京で没した。ただ明治期に刊行された息軒の伝記では日向国飫肥藩（宮崎県日南市飫肥）の藩士・士族と紹介されることが多かったこともあり、息軒が生まれ育ち三十二歳までを過ごした清武の人々にとって、鴻儒息軒は縁遠い存在であった。それが一転するのは、大正時代のことである。

大正二年（一九一三）に宮崎のジャーナリストで郷土史家でもあった若山甲蔵[1]が『安井息軒先生』（蔵六書房、一九一三年）を出版し、翌年これにインスピレーションを得た森鷗外が小説「安井夫人」（『太陽』二〇（四）、一九一三年）を発表すると、息軒が清武で生まれ育ったという事実が広く認知され、清武でも息軒を顕彰しようという熱意が急速に高まっていった。

まず大正十二年（一九二三）に清武村が、息軒の生家の主屋と宅地を購入して公有化した。興味深いことに、購入した時点で生家は某氏の屋敷地に移築されていたという。大正十四年（一九二五）に「安井息軒遺跡顕彰会」が発足して浄財募金活動が始まり、宅地の公園化事業が竣工した。同時に某氏の屋敷地にあった生家が宅地北西部へ移築され、さらに徳川家達[2]筆「安井息軒先生誕生地碑」と安井小太郎[3]撰「半九公園造成記念碑」が建立されるなど整備が進み、昭和四年（一九二九）ついに「半九公園」が完成した。「半九」は息軒の号にちなむ。

その後も公園の整備は進められ、昭和八年（一九三三）には公園敷地内に木造の「息軒座像覆屋」が建築され、「安井息軒座像」が安置された。この座像は、清武村が昭和八年に宮崎市で開催された「祖国日向産業博覧会」に出展するために清武出身の彫刻家長田満也[4]に制作を依頼したもので、座高七五cm、田野産クスノキの一木彫で正面を向いて左肘を座机に置いた息軒の姿をとらえている。

昭和十年（一九三五）には鉄筋コンクリート製の「息軒文庫」が建てられ、安井小太郎から寄贈された息軒の自筆原稿の一部などが収められた。ちなみにこのとき寄贈されなかった親筆原稿の大部分は、安井小太郎が没して二年後の昭和十五年（一九四〇）に財団法人斯道文庫により一括購入され、戦後に同財団が解散すると、斯道文庫の一部として九州大学へ寄託され、昭和三十三年（一九五八）に慶應義塾大学へ寄贈され、現在は同大学図書館斯道文庫内に「安井文庫」として収蔵されている。

以上のように、清武町における息軒顕彰の動きは大正時代に入ってにわかに生じ、行政の積極的な取り組みもあって急速に具現化していった。なお、廟はまだ建立されていない。

（三）戦後の息軒顕彰活動：国指定史跡「安井息軒旧宅」

戦後、昭和二十五年（一九五〇）に清武の町制施政記念事業として公園敷地内に「先人廟」が建立され、飫肥藩清武郷（宮崎市清武・赤江・木花・青島・田野）出身で地域の発展に寄与した二九名が合祀された。この二九名には安井息軒も含まれている。合祀者はこの七〇年間で少しずつ増え、現在は五〇名を超えている。

さらに昭和三十年（一九五五）、息軒の命日にあたる九月二十三日に清武町主催で「安井息軒八十年忌祭」と「先人祭」が廟前で挙行された。それ以来、先人祭は毎年九月二十三日に清武町主催で挙行されるようになり、清武町が平成二十二年（二〇一〇）に宮崎市と合併して以降は、宮崎市主催の慰霊祭「清武郷先人祭」として継続している。

昭和五十四年（一九七九）、半九公園を構成する息軒の生家と宅地が「旧宅、園地、井泉、樹石及び特に由緒ある地域の類」に該当するとして国の史跡に指定され、「安井息軒旧宅」の名称で登録された。これを受けて、安井息軒遺跡顕彰会（大正十四年発足）は「安井息軒顕彰会」へと改称した。

国指定史跡となったことで息軒の生家と宅地の原状回復が図られ、平成四～五年（一九九二～一九九三）にかけて「安井息軒旧宅保存修理工事」が施工され、昭和初期に某氏の屋敷地から半九公園北西部に移築された主屋を元来建っていたと推定される公園中央部へと再移築し、さらに屋根を瓦葺きから茅葺きに戻した。これにともない、それまで公園中央に建っていた2基の記念碑を公園北西部へ移動させ、さらに先人廟・息軒座像覆屋・息軒文庫を全て撤去した。総事業費は九〇九三万七一二〇円であった。

平成六年（一九九四）、前年に半九公園から撤去された先人廟が現在の場所、すなわち道路を挟んで斜向かいに位置する弊館敷地の北部に移築され、その西隣に安井息軒廟が新築され、安井息軒廟にはかつて息軒座像覆屋に鎮座していた安井息軒座像が安置された。先人廟は本殿流れ造り一間社銅板葺、安井息軒廟は本殿入母屋造り平入三間社銅板葺、二棟で総工費は二五一八万六二七七円であった。

平成十三年（二〇〇一）に弊館の前身である「きよたけ歴史館」が落成し、その特別収蔵庫にかつて半九公園の息軒文庫に保管されていた息軒の自筆原稿などが収められた。また開館に際して、慶応大学図書館斯道文庫が所蔵する息軒の自筆原稿や書き入れのある蔵書や抄本を撮影したマイクロフィルム四万四九五コマが作成され、収蔵された。

きよたけ歴史館は清武地区の歴史全般を紹介する博物館施設として開館したが、清武町と宮崎市の合併後に市全体の歴史施設の大幅な見直しが実施された結果、平成二十九年（二〇一七）より安井息軒の紹介に特化した「宮崎市安井息軒記念館」に改組され、現在に至る。

以上のように、弊館が擁する二棟の廟堂は戦後に建立された。ただし安井息軒廟は恐らくは安井息軒座像の安置場所として建立され、その意味でかつて半九公園に建っていた息軒座像覆屋の移築であり、戦前から清武の人々の拝礼の場として機能してきたといえる。

おわりに

令和四年九月二十三日の安井息軒記念講演会は「息軒の日」と銘打って大々的に開催され、ステージ上で児童による安井息軒の半生を描いた劇が披露されたほか、息軒にちなんだ各種コンクールの表彰式が執り行われた。確かにこうした活動はいかにも現代的なイベントであり、いわゆる「祭祀」とは言い難く、本シンポジウムの主題である典礼としての儒教祭祀からは大きくかけ離れている。しかし、これらのイベントはいずれも地域の人々の安井息軒を慕う気持ちから発したものであり、活動を通じて参加者が安井息軒の存在を身近に感じ、ともに息軒の遺風を守る後継者としての自覚を抱き、地域の一体感を高めているという点において、本質的に祭祀と同じ機能を果たしていると考える。

安井息軒廟も、必ずしも常にこれら「祭祀」（イベント）の場として機能してきたわけではないが、地域の人々の息軒に対する崇敬の念を具現化させたものといえ、そうした共同価値観が地域に存在することを若い世代に空間認識を通じて「分からせる」という役割を果たしている点で、れっきとした「廟」といえよう。（了）

1　若山甲蔵（一八六八 - 一九四五）は宮崎で発行されていた新聞『日州独立新聞』『宮崎新聞』の主筆を務め、後に県立宮崎図書館長に就任した。ジャーナリストとして機関誌『宮崎県政評論』の刊行など言論活動に従事する一方、郷土史研究にも精力的に取り組み、『安井息軒先生』『日向地名録』『殉教史譚日講上人』を著述し、『日向文献資料』を大成した。

2　徳川家達（一八六三 - 一九四〇）は徳川宗家十六代目。当時は大日本帝国議会貴族院議長を務めていた。

3　安井小太郎（一八五八 - 一九三八）は戦前の漢学者で、第一高等学校（東京大学教養学部）や大東文化大学の教授を歴任した。安井息軒の外孫で、息軒の長女須磨子と維新志士北有馬太郎こと中村貞太郎の子息、実父の獄死後に外祖父息軒に引き取られ、安井家の養子に入った。当時は大東文化大学教授を務めていた。

4　長田満也（一八九六 - 一九五一）は宮崎市清武町出身の彫刻家。『大正十二年帝国絵画番付』では「帝選彫刻」の「入選格」にその名が見える。

参考文献

『清武町史』、清武町、一九六〇年。

『清武文教百五十年史』、安井息軒顕彰会、一九七七年。

文化財建造物保存技術協会編『史跡安井息軒旧宅保存修理工事報告書』、清武町、一九九四年。

①安井息軒廟（平成 6）

②現在の先人廟（平成 6）

③安井息軒座像（昭和 8）

④息軒座像覆屋（昭和 8）

⑤息軒文庫（昭和 10）

⑥以前の先人廟（昭和 25）

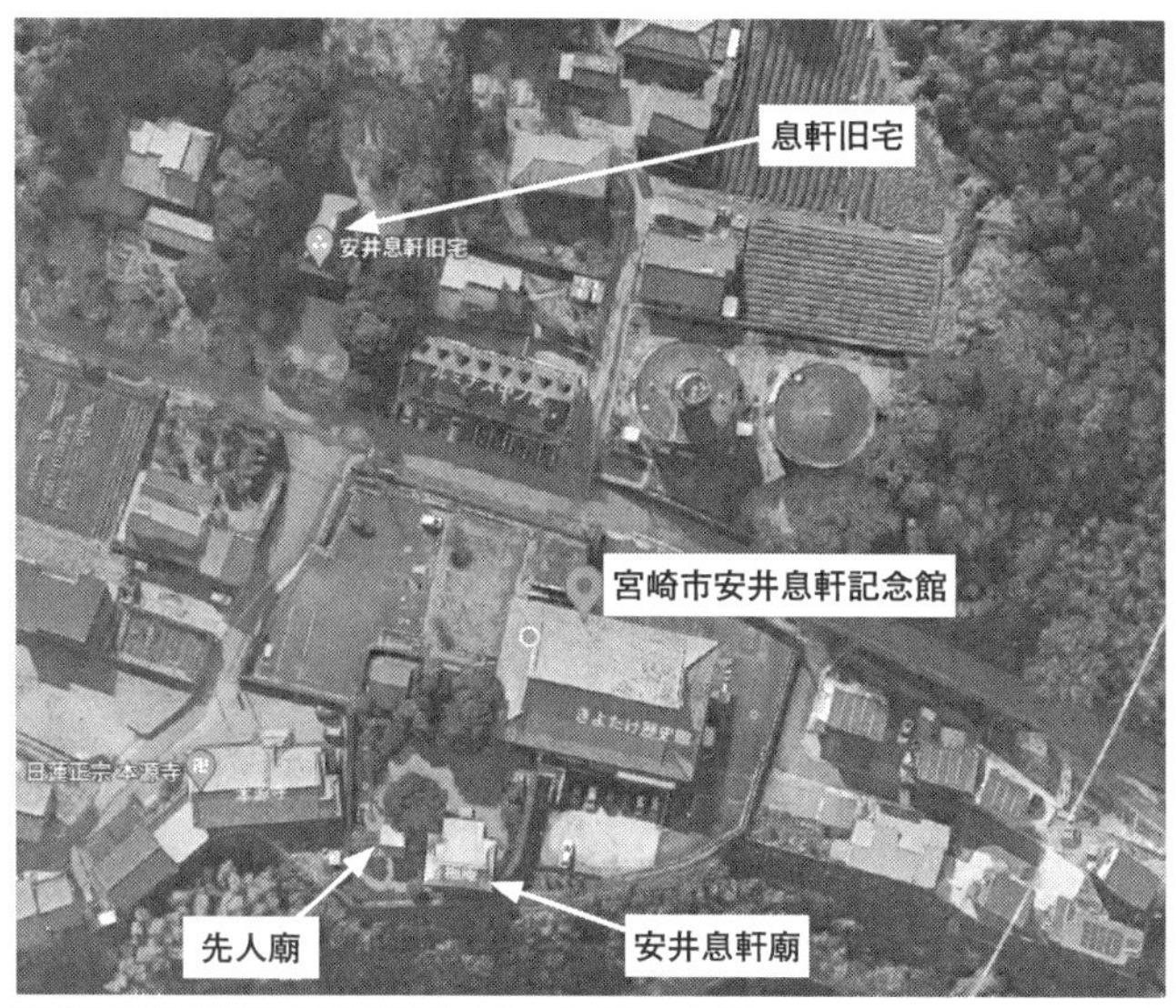

宮崎市安井息軒記念館の周辺（Google Map より）

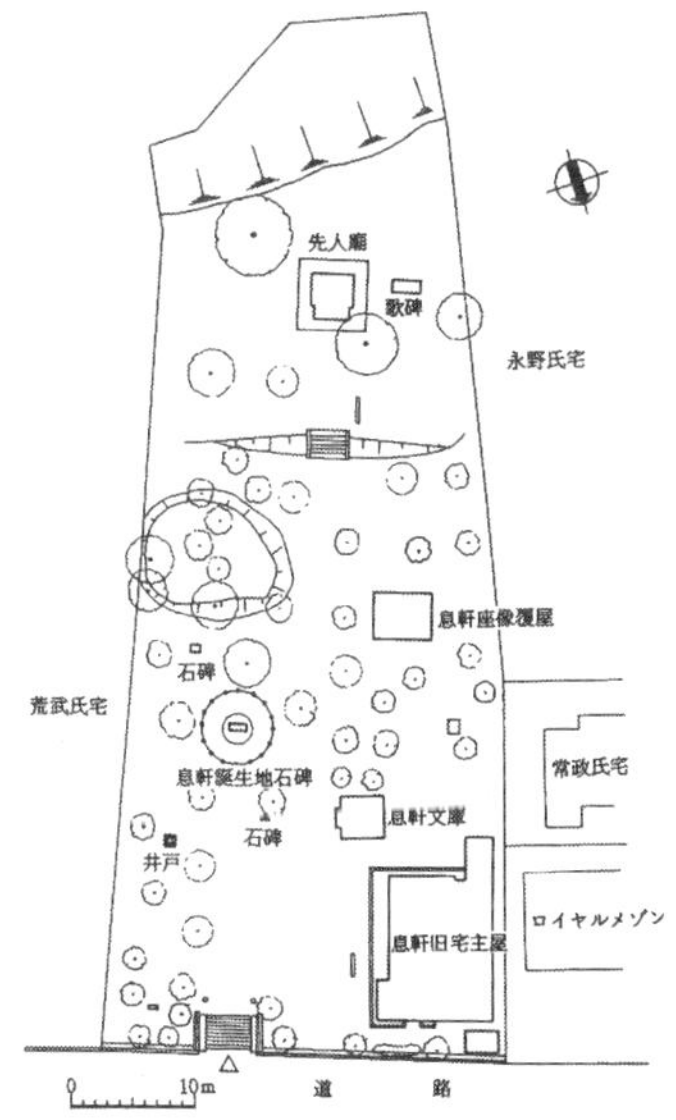

改築前の半九公園（『史跡安井息軒旧宅保存修理工事報告書』より）

令和四年 安積艮斎記念館 行事・祭祀報告

安藤智重

明治時代は、「勝てば官軍」の側の人士が神に祭られることが多かった。安積艮斎は戊辰戦争の八年前に没しているが、二本松藩儒・幕府儒官の肩書きでは、当時は祭祀する対象にはなりがたい。人が神として崇敬されるには、人々が畏敬の念を持つことが第一段階である。明治政府のプロパガンダの影響が強い時代に、人々が幕府や奥羽越諸藩側の人士を畏敬することはあまりない。

しかし時代は流れ、艮斎の顕彰も進み、今や艮斎への畏敬の念は醸成された。そこで平成二十二年(二〇一〇)、没後百五十年を機に、安積国造神社の末社・安積天満宮に艮斎の霊を合祀した。爾来、神道の祭式にて命日の十一月二十一日に例祭を斎行している。また学業成就の艮斎御守・絵馬を社頭にて頒布している。

本年の安積艮斎記念館の行事について、左記の通り報告する。

◇市民向けの歴史講座「安積歴史塾」
コロナ禍のため今年も閉講。

◇出版物
『マンガで読む儒学者・安積艮斎』 安藤智重著　青木宣人画　令和四年一月十五日発行　文芸社
『いわきを彩る儒学者展』 企画展図録　明治大学名誉教授徳田武先生にご教示を賜る　令和四年七月一日発行　安積艮斎記念館
『艮斎間話 全現代語訳』 小阪康治・安藤智重共著　令和四年十一月二十一日発行　明徳出版社

◇企画展『いわきを彩る儒学者展』 期間 令和四年七月一日～三十日
特別展示　内藤露沾公真筆　俳句短冊
書幅
客中秋に逢ふ・独楽園　神林　復所
所見・赤蜻蜓・范蠡・風外　室　桜関
桑名城下にて諸子に留別す　神林　惺斎
春雨・舟門（ふなど）雑詩・夜間落葉・無題（解印帰来鬢已斑…、詩画）・田家雑興・飯坂雑詩之一・小出君に請はれ、村荘にて其の概を写す（詩画）・田園雑詩（農耕図）　大須賀筠軒

拓本・著作・写真等

開催趣旨

幕末維新期、人々の行動原理の根本にあったのは儒学思想でした。儒学者安積艮斎は三千人もの子弟を教育し、吉田松陰・岩崎弥太郎等人材を多士済々輩出し、幕府儒官としては対外政策を支えました。

磐城平藩におきましても、儒学者たちは活躍をしました。幕府の老中たる藩主安藤信正の政治顧問の役割をも果たしたのです。

とくに光彩を放ったいわきの儒学者を挙げますと、神林復所・室桜関・神林惺斎・大須賀筠軒等であります。復所は艮斎の友人、復所の子息の惺斎・筠軒兄弟は艮斎の門人です。桜関は古賀侗庵（幕儒）に学んでいます。

安藤信正は、穏健路線をとって公武合体政策を推進しました。その政治理念は、復所と桜関の思想にもとづいています。

維新後、筠軒は、福島県令三島通庸の人権抑圧の専制政治に反発し、郡長を辞して、放浪の詩人・画家となりました。後に二高教授に就任して教育に従事しています。明治を代表する漢詩人です。

日本の近代教育の草創期には、儒学者が活躍しています。近世と近代の教育は、不即不離の関係にあります。

いわきを彩った儒学者たち、そして彼らに影響を与えた安積艮斎。その史料を展示して、儒学者たちの偉業を知っていただくための機会としました。なお展示資料は、いわき市の緑川健氏が収集したものです。

記念講演「いわきの儒学者たちと安積艮斎」安積国造神社 宮司　安藤智重
ギャラリートーク　地元学研究者　緑川 健

…いわきの儒学者紹介…

神林復所（一七九五 - 一八八〇）
磐城平藩儒。寛政七年六月生。名は良弼（りょうすけ）、字は伯輔（はくほ）、通称清助のち譲、号復所。同藩安藤公の儒臣にして文教中興の祖である。
江戸の佐藤一斎、林述斎に学んだ。復所の墓陰記に「然れども其の学（一斎の陽明学）を奉じず、篤く程朱（朱子学）を信じ故に祭酒林公（林述斎）の門籍に属す」（筠軒撰文）とある。
艮斎は一斎・述斎門の先輩で、復所の『朱子学鵠約説』には艮斎が序文を寄せた。また復所『救時秘策』（嘉永七年）は艮斎『洋外紀略』（嘉永元年）の影響を受けている。学徳高く、著書は儒学・国文・易・音韻・歴史・文集等三百種に及ぶ。復所・惺斎・筠軒ら神林一門は、磐城教学の大儒林と称され、仙台の大槻家に比肩された。明治十三（一八八〇）年一月没。

室　桜関（一八一八～一八八五）

磐城平藩儒。文政元年十二月 平白銀町生。名は克、諱は直養（なおやす）、字は無害、号桜関、通称松太郎後、衡平。磐城平藩儒神林復所、水戸藩儒会沢正志斎、幕儒古賀侗庵に学ぶ。天保十三（一八四二）年儒者見習として江戸勤めとなり、平藩の子弟の教育にあたった。

嘉永六（一八五三）年長沼流兵学の許可状を取得する。桜関は藩主安藤対馬守信行（信正）の信任厚く、老中の補佐役として貢献した。元治元（一八六四）年九月水戸で「天狗党の乱」が勃発、藩命を受け軍師として鎮圧に遠征した。戊辰戦争では新政府軍との戦を回避する「非戦派」だった。

明治維新直後の明治二（一八六八）年二月新政府に出仕したが、明治五（一八七二）年七月に辞任。四倉遷善学校（現・四倉小学校）の初代校長。

明治七（一八七四）年十二月に職を辞し、東京へ出て塾を開く。明治十一年八月故郷に隠居。私塾「培根塾」を開き門人を教導。明治十八年七月没。飯野八幡宮境内に桜関顕彰碑が立つ。著書『桜関詩鈔』

神林惺斎（一八三二～一八七四）

磐城平藩儒。天保三年生。神林復所の次男。名は良保、字は敬甫（けいほ）通称千次郎、号惺斎。

嘉永二年十一月安積艮斎の私塾に入門、請人（うけにん）は室桜関が務めた。京・大坂に遊学し、帰郷して平藩校施政堂の教授となった。詩・文章に優れた。門人に天田愚庵がいる。

維新後、いわき市久之浜舟門の筠軒の私塾で学問を教え、また川俣小学校教師となった。四十三歳にして没した。墓は久之浜の龍光寺にあり、惺斎・筠軒と交友した岡鹿門（名は千仭〈ちたて〉、艮斎の門人、仙台藩儒）が揮毫した。明治七（一八七四）年十一月没。

大須賀筠軒（一八四一～一九一二）

神林復所の三男。明治有数の漢詩人。南画家。教育者。天保十二年十二月生。名は履（ふみ）、字は子泰（したい）、通称英三郎、後、次郎、号鴎渚（おうしょ）、筠軒（いんけん）。

安政六（一八五九）年、江戸に上って大学頭林復斎の塾に入る。経学を安積艮斎に受け、文章を塩谷宕陰に学ぶ。文久二年（一八六二）一月平藩主安藤信正が坂下門外で襲われる。同年四月帰国し、藩校施政堂世話人頭取となる。

文久三年、藩財政再建のため一藩帰農策を建議したが、用いられなかった。元治元（一八六四）年、二十四歳の時、久之浜舟門の名家大須賀家の娘茂登（もと。号、痩玉）と結婚し、大須賀家に入る。明治十一年茂登病没。翌年国府田ウメと再婚。俳人で俳論家の乙字は筠軒の次男。

明治十二（一八七九）年一月より行方・宇多郡長を務めたが、福島県令三島通庸の専制横暴と合わず、明治十五（一八八二）年五月に辞任し、平町字田町に移る。各地を遊歴し、書画の揮毫料を衣食の助けとする。

明治二十七（一八九四）年十一月福島県尋常中学校（現、安積高校）教授嘱託となる。明治二十八年、一家を郡山に移す。明治三十年（一八九七）四月仙台に移り、十月第二高等学校（現・東北大学）教授となる。明治四十四年皇太子仙台行啓にあたり御前揮毫をする。大正元（一九一二）年八月没。

主な著書『緑筠軒詩鈔』『磐城郡村誌』『磐城物産志』『磐城志料』『磐城史料』

なお企画展『いわきを彩る儒学者展』図録中、とくに歴史的資料として興味深い二詩を紹介する。

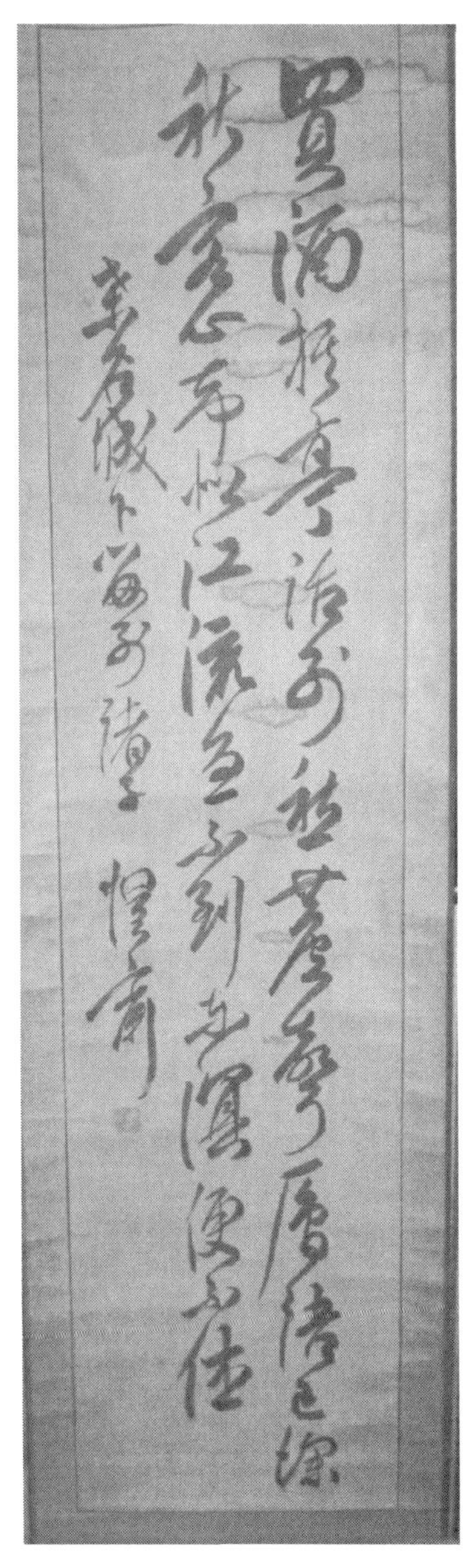

桑名城下にて諸子に留別す　　神林惺斎

買酒旗亭話別愁　　酒を旗亭に買ひ　別愁を話す
蘆声鴈語已深秋　　蘆声雁語　已に深秋
客心却似江流返　　客心却つて江流の返るに似たり
不到東溟便不休　　東溟に到らざれば便ち休まず

＊下平十一尤

桑名城下留別諸子　惺斎

○旗亭　酒楼。　○別愁　別離の悲愁。　○雁語　雁の鳴き声。　○客心　旅人の心。　○江流　川の流れ。　○東溟　東海。中国の川はみな東に流れて海へそそぐ。

酒楼での別れの宴で飲み、別れの愁いを語る。
葦の音や雁の声によって、すでに深秋であることを知る。
旅人（私）の悲しい心は、まさに川の流れが海に帰るようなもの。
東海に到るまで、やむことがない。

注　惺斎は嘉永二年（一八四九）十一月から三年間安積艮斎に従学し、同五年京坂に行って奥野小山・

梁川星巌に学び頼三樹三郎他と交わった。安政元年（一八五四）十一月に帰国した。この詩はその留別の作であろう。

次の詩画は、私が出品した唯一のものである。版本には収められていない。筠軒の下野の心情が読み取られる。

大須賀筠軒

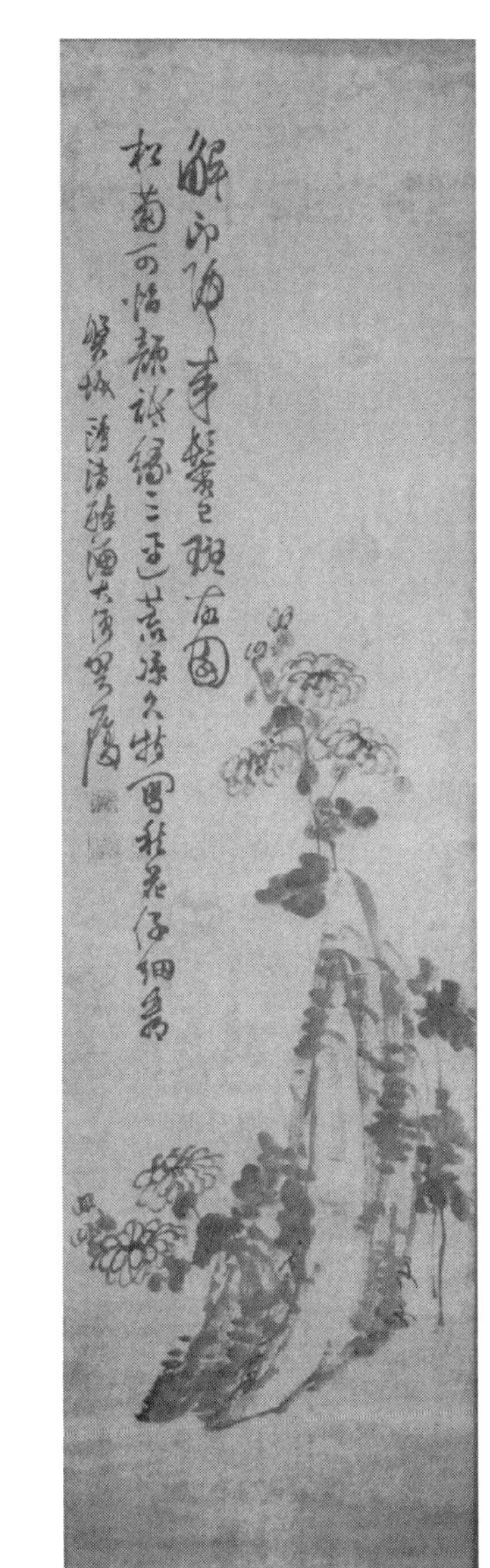

解印帰来鬢已斑　　解印帰来すれば鬢已に斑なり
故園松菊可怡顔　　故園の松菊　顔を怡ばすべし
祇縁三逕荒涼久　　祇だ三逕の荒涼たること久しきに縁り
特寫秋花仔細看　　特り秋花を写して仔細に看る

＊斑・顔（上平十五刪）、看（上平十四寒）

磐城鷗渚酔酒大須賀履　印（寰碧山房）　印（鷗渚）

官を辞して帰ってみれば、もう白髪まじりの身だ。
しかしふるさとの松菊を見ると、おのずと顔がほころぶ。
ただ庭が久しく荒れた庭をたどり、
とくに秋の花（菊）を細かに見て描いた。

○解印　印綬をとく。官を辞す。　○三逕　庭にある三つの小道。隠者のすまいの庭をいう。
注一　陶淵明「帰去来の辞」の「三径荒に就けども　松菊猶ほ存す」「壺觴を引きて以て自ら酌み庭柯を眄て以て顔を怡ばしむ」を踏まえる。「隠者の住居の荒れはてた庭にも、緑変わらぬ松と清らかな香りの菊はまだ残っている」の意で、乱世にも節操の高い志士が存在することをいう。
注二　明治十五年一月三島通庸が福島県令を兼任するや、大須賀筠軒は、その専制横暴と合わず五月に官（行方・宇多郡長）を辞した。「帰去来の辞」に思いをはせ、自らも節操を守る志士たらんとし、この詩を作ったのであろう。明治十五年秋の作か。

高梁市山田方谷記念館の行事等

山田　敦

二〇一九年（平成三十一）二月に開館した高梁市山田方谷記念館では、山田方谷の誕生日である二月二十一日と命日にあたる六月二十六日を中心に山田家伝来の史料展と題する展示を開催しています。設備の都合上、常設展はレプリカを中心とするものですが、この山田家伝来の史料展では、普段なかなか展示できない方谷や関係諸氏の書簡をはじめとした現物史料を展示しています。

これまで開催した四回の展示の概要は次のとおりです。第一回は方谷の師丸川松隠が方谷の父五郎吉に方谷の勉学継続を訴える書簡や、松隠の肖像画を展示しました。第二回では脇に小さな手形が押されている方谷が四歳の時の書「竹虎」と五歳の時の書「徳不孤」とを鑑賞していただきました。第三回では久坂玄瑞と木戸孝允がそれぞれ方谷に宛てた書状から幕末の政治状況を読み解きました。そして今年の命日から夏休みにかけては、第四回として、廃藩置県後の旧藩主板倉勝静と旧藩士山田方谷の書簡から明治期における旧藩主と旧藩士の関係を紹介しました。

方谷の祭祀は高梁市山田方谷記念館では実施していませんが、高梁方谷会が今でも毎年執り行っています。一九二六（大正十五）年七月十六日山田方谷の没後五十年忌の祭典が高梁公会堂で行われ山田方谷の孫にあたる山田準が講演を行いました。そのときに方谷会結成の提案があり、有志の賛同を得て七月三十一日に山田準の参加のもと方谷会の発会式が行われました。当初五〇名ほどの会員数でした。これ以後方谷会は山田方谷の顕彰と地域の文化振興を目的として活動し、毎年慰霊祭と総会を命日である六月二十六日ごろに実施しております。また講演会・勉強会などの文化行事等も行ってきました。

なお、備中松山藩藩校の有終館には聖堂があり、孔子が祀られておりました。現在も祀るために使われた祭具が遺されています。「大成至聖文宣王」と書かれた木主と燭台二点と香炉一点が伝わっており、日常的に祭祀・参拝がおこなわれていました。ちなみに方谷ともゆかりのある岡山県備前市の国特別史跡・旧閑谷学校では毎年十月末に孔子の遺徳をたたえる「釈菜」が古式にのっとって執り行われています。孔子像を祭る聖廟である「大聖殿の儀」では、旧閑谷学校の流れをくむ岡山県立和気閑谷高等学校の教職員が祭官を務めます。

孔子二千五百年記念シンポジウム記念展示

一　**孔子銅像**（螺鈿厨子に納める、二松学舎大学図書館所蔵）

昭和十年湯島聖堂復興記念　笹野甫三作　福島甲子三寄贈

＊笹野甫三——未詳。

＊福島甲子三（かしぞう）（一八五八—一九四〇）実業家。長岡藩士の家に出生。渋沢栄一と親交。

二　孔子画像（二松学舎大学図書館所蔵）

鈴木栄暁画（印記「觀／印」「榮曉／之印」）

＊鈴木栄暁（一八七〇生）明治期の狩野派の画家。幕臣鈴木保至（号栄春）の男。名は観太郎。南画・北画を兼ね、山水人物を能くした。

三　孔夫子獲麟図（二松学舎大学図書館所蔵）

安永五年（一七七六）六如賛

（印記）「仁者／樂山」
聖人制作感麟而起（聖人の制作 麟に感じて起こる）
絶筆一句於心見旨（絶筆の一句　心に旨を見る）
車士傷足瑞獣遂死（車士足に傷つけて瑞獣遂に死し）
三家鑿竅春秋散矣（三家竅を鑿ちて春秋散ず）
安永丙申清和初三日　淡海　六如釋慈周謹題
（印記）「釋印／慈周」「六／如」

＊六如（一七三四―一八〇一）江戸中期の天台宗僧侶。名は慈周。初め服部南郭門人の宮瀬龍門に詩を学び、後に井上金峨と交流し宋詩風を能くした。

四　山田準　七絶「孔子聖誕二千五百年式典賦献」（一九四九年、個人蔵）

巍々是道與天尊　（巍々たる是の道　天とともに尊し）
聖誕二千五百辰　（聖誕二千五百辰）
去食去兵信難去　（食を去り兵を去るも信は去り難し）
大哉孔子大哉言　（大いなるかな孔子　大いなるかな言）
孔子聖誕二千五百年式典賦献　八十三叟　濟齋準　（印記）「山田／準」「濟齋／之信」

＊山田準（一八六七―一九五二）漢学者・陽明学者。備中高梁出身。山田方谷の養孫。二松学舎を経て、東京大学古典講習科漢書課後期に学び、五高・七高で漢文を講じ、二松学舎専門学校の初代校長（一九二八―四三）を務めた。

（文責　町　泉寿郎）

あとがき

近年、大学一年生向けの初年次教育を担当している際などに、驚かされることがある。儒教、『論語』、漢文訓読に関するごく入門的な話をした後、学生からのコメントに、『論語』は高校で習ったことがありましたが、昔の中国人が書いたものだと初めて知りました、といった内容がちらほら見られるのである。

江戸中期以降に藩校が普及して武士階級を中心に漢学が浸透して、それまでの「孔子とはどこの国の人か知らん」といった武士がいなくなったと聞くが、今や漢学に関する我々の素養は江戸初期以前にまで後退したというべきである。もちろん古いものが時代に合致しなくなったから、新しいものにとって代られたということならばそれでも構わない。しかし新しく何かを獲得したと言いうるだろうか。近世の漢学が近代の漢学に変容していったさまは、本書で触れたように百年前の孔子二千四百年記念行事からもその一端を窺いうるが、百年後の今日、例えば新しく民主主義を獲得したなどと果たして我々は胸を張って言えるだろうか。いったんは確立したかに思われた諸制度が劣化し機能不全に陥っているのではないか。その再建に当たって、我々は何に依拠すればよいのだろうか。

別の見方をしてみれば、中等教育の国語教材に古典外国語が原文（リーディングマークは施されているにしろ）のまま入っているというのは特異な現象であるとも言え、新入生たちの驚きはある意味で肯綮に中っているとも言える。これを韓国と比較するとその特異さは際立ち、韓国における漢文学が自国の先人の漢文文献のみを対象とするのと、戦後日本の漢文教育が中国の文学作品を中心にしてきたのとは鮮やかな対照をなす。同様に、本書において各執筆者が論じた通り、儒教祭祀についても中国・台湾と朝鮮半島と日本とではかなりの違いがみられる。中国には王朝ごとに性格の違いがあり、周辺諸国は先進文明の主導的思想として儒教からの影響を受けつつも、独立した国家を営む為政者にとってそれとどのように距離をとるかが常に忽せにできない問題であったのだ。

ひるがえって、G7の影響力低下とBRICSやグローバルサウスの台頭など世界情勢の劇的な変化、AIなどの技術革新による社会の不可逆な変化は、我々の環境にどのように影響するのだろうか。先の見通せない難しい時代に、我々は歴史に学ぶこと、文化を知ることが未来を切り拓き新しい価値を創造する上で有効であることをひとつひとつ証明していく責務がある。孔子生誕二千六百年を迎える年、筆者は生きていれば八十歳を迎えるが、漢学について発掘し理解するとともに、漢学がより良い将来に少しでも寄与するものとなるように努めたく思う。

最後になりましたが、本書にご論考を寄せていただいた各位に篤く感謝申し上げます。

日本漢学研究センター長　町　泉寿郎

【執筆者一覧】（掲載順）

今井　悠人（いまい　ゆうと）

早稲田大学大学院基幹理工学研究科数学応用数理学専攻博士後期課程単位取得退学。博士（理学）。現在、二松学舎大学国際政治経済学部国際経営学科准教授。主な論文に、Local risk-minimization for Barndorff-Nielsen and Shephard models（Finance and Stochastics Vol.21,Issue 2, 2017）などがある。

宇野　茂彦（うの　しげひこ）

東京大学大学院人文科学研究科博士後期課程単位取得満期退学。現在、財団法人斯文会理事長、中央大学名誉教授。主な著作に、『諸子思想史雑識』（研文社、2022年）、『林羅山（附）林鵞峰』（叢書日本の思想家、明徳出版社、1992年）、『人の道天の道：孔子』（日本教文社、1981年）などがある。

町　泉寿郎（まち　せんじゅろう）

二松学舎大学大学院文学研究科博士後期課程修了。博士（文学）。現在、二松学舎大学文学部中国文学科教授。日本漢学研究センター長。主な著作に、『日本統治下の台湾・朝鮮と漢文教育』（編著、戎光祥出版、2023年）、『日本近世医学史論考』Ⅰ Ⅱ（武田科学振興財団、2022年）、『日本漢文学の射程—その方法、達成と可能性—』（共編、汲古書院、2020年）などがある。

武田　祐樹（たけだ　ゆうき）

二松学舎大学大学院文学研究科博士後期課程中国学専攻修了。博士（日本漢学）。現在、二松学舎大学文学部非常勤講師。主な著作に、『林羅山の学問形成とその特質：古典注釈書と編纂事業』（研文出版、2019年）、『甕江文稿』（近代日本漢籍影印叢書、解題執筆、研文出版、2020年）などがある。

水口　拓寿（みなくち　たくじゅ）

東京大学大学院人文社会系研究科博士課程修了。博士（文学）。現在、武蔵大学人文学部教授、国立政治大学（台湾）羅家倫国際漢学客座講座教授。主な著作に、『中国倫理思想の考え方』（山川出版社、2022年）、『術数学研究の課題と方法』（編著、汲古書院、2022年）、『儒学から見た風水—宋から清に至る言説史』（風響社、2016年）、などがある。

金　賢寿（キム　ヒョンス）

成均館大学大学院東洋哲学科博士課程修了。博士（哲学）。現在、韓国儒教文化振興院韓国礼学センター研究員。主な著作に、『韓国哲学に再び出会う』(共著、図書出版亦楽、2017 年)、「朝鮮時代宮殿建築の原理とその思想的基盤としての礼の研究」(『韓国哲学論集』51, 2016 年)などがある。

青山　大介（あおやま　だいすけ）

広島大学大学院文学研究科博士課程中国哲学専攻修了、博士（文学)。現在、宮崎市安井息軒記念館学芸員。主な著作に、「安井息軒「性論」三篇訳稿」(『懐徳堂研究』11、2020 年)、「安井息軒『書説摘要』考－その考証学の特質」(『日本中国学会報』68、2016 年）などがある。

安藤　智重（あんどう　ともしげ）

早稲田大学教育学部卒業。現在、安積国造神社宮司。主な著作に、『艮斎間話：全現代語訳』(明徳出版社、2022 年)、『マンガで読む儒学者・安積艮斎』(文芸社、2022 年)、『艮斎文略：訳注』(明徳出版社、2013 年)、『艮斎詩略：訳注』(明徳出版社、2010 年)、『安積艮斎—近代日本の源流』(歴史春秋社、2010 年）などがある。

山田　敦（やまだ　あつし）

二松学舎大学文学部中国文学科卒業。現在、高梁市山田方谷記念館館長。主な著作に、「山田済斎略年譜」「済斎晩年の大業『方谷全集』」「山田済斎略年譜」(『陽明学』8､1996 年）などがある。

孔子二千五百年記念「儒教祭祀の歴史を考える」

2024年3月24日　第1刷印刷　　ISBN 978-4-910392-02-8
2024年3月29日　第1刷発行

編集者　二松学舎大学東アジア学術総合研究所
日本漢学研究センター

発行者　二松学舎大学

〒102-8336 東京都千代田区三番町6-16

発行所　〒184-0013 東京都小金井市前原町1-12-3
電話・FAX 042（385）0265　　長久出版社

Printed in Japan　　印刷・製本／株式会社サンセイ